‚Clankriminalität'

–

eine Literatursynthese zu abweichendem Verhalten im Kontext großfamiliärer Strukturen

AF727352

ISSN 1610-7500
ISBN 978-3-86676-747-8

Thomas Görgen, Tamara Dangelmaier, Stella Nüschen,
Jens Struck & Daniel Wagner

‚Clankriminalität' – eine Literatursynthese zu abweichendem Verhalten im Kontext großfamiliärer Strukturen

Schriftenreihe Polizei & Wissenschaft

ISSN 1610-7500
ISBN 978-3-86676-747-8

Verlag für Polizeiwissenschaft
Prof. Dr. Clemens Lorei

Bibliografische Information der Deutschen Nationalbibliothek
Die Deutsche Nationalbibliothek verzeichnet diese Publikation in der Deutschen Nationalbibliografie; detaillierte bibliografische Daten sind im Internet über http://dnb.d-nb.de abrufbar.

Verlag für Polizeiwissenschaft, Prof. Dr. Clemens Lorei
Eschersheimer Landstraße 508 • 60433 Frankfurt
Telefon/Telefax 0 69/51 37 54 • verlag@polizeiwissenschaft.de
www.polizeiwissenschaft.de

Printed in Germany

Inhaltsverzeichnis

1 Einleitung

Insbesondere seit der zweiten Hälfte der 2010er Jahre wird in Deutschland ein Phänomenbereich zum Gegenstand öffentlicher Befassung und Auseinandersetzung gemacht, zu dessen Bezeichnung regelmäßig der Begriff ‚Clankriminalität' Verwendung findet. Im Zentrum einschlägiger Diskurse stehen familiäre Verbünde, die ethnischen Minderheiten zugerechnet und mit unterschiedlichen Formen abweichenden Verhaltens in Verbindung gebracht werden. Dazu gehören u. a. spektakuläre Diebstähle und Raubstraftaten, organisierte Kriminalität etwa im Bereich der Drogendelikte und des Menschenhandels, Alltagskriminalität in unterschiedlichen Deliktsfeldern, provozierende bzw. als provozierend erlebte Formen der Nutzung und Beanspruchung des öffentlichen Raumes und Geschäftsaktivitäten unterschiedlicher Legalitätsgrade. Über den genauen Bedeutungsgehalt von ‚Clankriminalität' scheint dabei kein gesellschaftlicher Konsens zu bestehen, auch nicht über die Frage, inwieweit der Terminus überhaupt zur Beschreibung und Bezeichnung von Problemlagen geeignet und angemessen ist. Kritiker:innen sehen bereits in den Konzepten ‚Clan' und ‚Clankriminalität' stigmatisierendes Potenzial und die Gefahr einer soziale Ausgrenzung forcierenden und tendenziell rassistischen sicherheitsbehördlichen Praxis.

Ziel der vorliegenden Arbeit ist es, auf der Basis der einschlägigen deutsch- und englischsprachigen Literatur eine systematische Bestandsaufnahme des Schrifttums zu sogenannter Clankriminalität vorzunehmen. Bislang zu ‚Clankriminalität' vorhandene Publikationen fügen sich noch nicht zu einem eigenständigen Forschungsfeld zusammen. Arbeiten liegen verstreut und unsystematisch vor, sind selten auf eigene Datenerhebungen begründet und nehmen vor allem Bezug auf sicherheitsbehördliche Praxiserfahrungen und ihnen zuzurechnende kriminalstatistische Datenaufbereitungen. Insofern wurde bei der Recherche und Auswahl der einzubeziehenden Literatur – bildhaft gesprochen – das Netz weit und jedenfalls deutlich über den Bereich systematischer empirischer Forschung hinausgehend ausgeworfen. Die Literatursichtung ist insofern zugleich ein Forschungsreview und ein Review der Konstruktion von ‚Clankriminalität' in (publizierten) fachlichen Diskursen. Das Projekt, in dessen Rahmen der vorliegende Review entstanden ist, wird seit 2020 durch das Bundesministerium für Bildung und Forschung gefördert (Förderkennzeichen 13N15303).

Nachfolgend werden Publikationen einer Sichtung unterzogen, die sich – überwiegend im deutschen Kontext – mit als ‚Clankriminalität' bezeichneten Phänomenen und Problematiken auseinandersetzen. Vornehmlich geht es dabei um Kriminalität und Kriminalisierung von Angehörigen großfamiliärer Strukturen. Im Literaturreview werden Befunde zu drei übergreifenden Themenfeldern dargestellt und diskutiert:

a) Befunde zur Phänomenologie: Wie werden ‚Clans' und ‚Clankriminalität' verstanden? Welche Erscheinungsformen delinquenten Handelns werden unter den Begriff der Clankriminalität gefasst? Wodurch lassen sich ‚Clankriminalität', die beteiligten Personen und ihre Assoziationsformen charakterisieren? Wie wird die Schwere, die kriminalpolitische Bedeutung und das gesellschaftliche Bedrohungspotenzial von ‚Clankriminalität' bewertet?
b) Befunde zur Genese, zu Entstehungs- und Aufrechterhaltungsbedingungen: Wie entsteht ‚Clankriminalität'? Welche Faktoren und Prozesse sind für die Entstehung, die Ausbreitung und das Fortbestehen von ‚Clankriminalität' von Bedeutung? Dies betrifft sowohl eine zeitgeschichtliche Perspektive – welche historischen Prozesse, welche gesellschaftlichen und politischen Konflikte haben zur Herausbildung entsprechender Strukturen beigetragen? – als auch aktuelle Bedingungen.
c) Befunde zum gesellschaftlichen und kriminalpolitischen Umgang mit einschlägigen Phänomenen: Wie reagieren Staat und Gesellschaft auf ‚Clankriminalität'? Welche Formen der Auseinandersetzung sind erkennbar, welche werden vorgeschlagen oder gefordert? Wie gestaltet sich insbesondere die polizeiliche Reaktion auf und Auseinandersetzung mit ‚Clankriminalität' bzw. welche Konzepte liegen dafür vor? Welche weiteren Institutionen sind in welcher Weise in die Auseinandersetzung mit ‚Clankriminalität' eingebunden? Wie sieht es neben der Strafverfolgung von ‚Clankriminalität', neben der Repression also, mit präventiven Konzepten und Handlungsansätzen aus? Was ist gegebenenfalls über Effekte und Effektivität von Maßnahmen bekannt?

2 Methode und Überblick zu den Einschlusskriterien sowie der herangezogenen Literatur

Die Kriterien für die Einbeziehung von Veröffentlichungen in den Literaturreview wurden insofern weit gefasst, als die Analyse nicht auf empirische Arbeiten begrenzt wurde. Bereits zu Beginn der Literaturrecherchen wurde deutlich, dass die Zahl empirischer Studien, die sich explizit dem (auch so benannten) Themenfeld ‚Clankriminalität' widmen, derzeit noch so gering ist, dass ein hierauf beschränkter Review lediglich ein sehr limitiertes Textkorpus hätte auswerten können, das zudem die vorhandene (und rezipierte) Literatur zum Thema nur schlecht widergespiegelt hätte. Mit Blick auf den geringen Grad empirischer Fundierung einerseits und den Umstand andererseits, dass die fachliche Auseinandersetzung mit und um ‚Clankriminalität' eben auch (und wohl überwiegend) über nicht empirische Arbeiten geführt wird, wurde das wesentliche Einschlusskriterium – neben der expliziten Bezugnahme auf ‚Clankriminalität' – dahingehend gefasst, dass es sich um Fachpublikationen handelt; entsprechend werden sowohl empirische (qualitative und quantitative) als auch nicht empirische, konzeptionelle Arbeiten einbezogen. Weiterhin werden etwa Fallstudien bzw. -beschreibungen und Erfahrungsberichte der ‚informierten Fachpraxis' berücksichtigt. Nicht berücksichtigt werden Arbeiten journalistischer Ausrichtung, seien es nun Pressepublikationen oder auch (z. T. autobiografisch geprägte) „populäre Monographien" wie etwa jene von Al-Zein (2020), Behrendt (2019), Heise und Meyer-Heuer (2020), Krafft-Schöning (2013), O.[1] und Kensche (2020) und Stahl (2014)[2]. Weitestgehend ausgeklammert wurden auch solche Texte, die unmittelbar aus dem politischen Raum erwachsen[3]. Dies betrifft vor allem die in den letzten Jahren recht zahlreichen parlamentarischen Anfragen und Anträge zum Thema sowie deren Beantwortung bzw. darauf erfolgende Berichte und Stellungnahmen[4]. In den Literaturreview werden deutsch- und

[1] Der Erstautor dieses Werks tritt lediglich mit initialisiertem Familiennamen als „Khalil O." in Erscheinung.

[2] Die Verfasser:innen sind sich des Umstands bewusst, dass angesichts des Gesamtbildes des vorhandenen Schrifttums zu „Clankriminalität" die Grenzziehungen hin zu „journalistischen" und „populären" Arbeiten bisweilen nicht einer gewissen Willkür entbehren.

[3] Dies gilt nur eingeschränkt für den Themenbereich der gesellschaftlichen und kriminalpolitischen Auseinandersetzung mit ‚Clankriminalität', da dort – insbesondere soweit es um das Formulieren von Forderungen und Handlungskonzepten geht – politisch eingebettete oder konnotierte Arbeiten eine dominierende Textform sind; hier wurden z. B. in die Diskussion um ‚Clankriminalität' eingebrachte Konzeptpapiere auch aus dem polizeilichen Bereich für den Review berücksichtigt.

[4] Stellvertretend für viele Abgeordnetenhaus Berlin (2020; 2021), Bremische Bürgerschaft (2017a; 2017b; 2019; 2020), Deutscher Bundestag (2019; 2020), Landtag

englischsprachige Publikationen einbezogen[5], die seit dem Jahr 2000 veröffentlicht wurden; von wenigen Ausnahmen abgesehen, liegen ohnehin erst etwa seit der Jahrtausendwende thematisch einschlägige Arbeiten vor.

Zur Literaturrecherche erfolgten zunächst stichwortgebundene Suchen in einschlägigen kriminal- und sozialwissenschaftlichen Literaturdatenbanken, namentlich: KrimDok, KrimLit, National Criminal Justice Reference Service (NCJRS), PsycInfo, PSYNDEX/PubPsych, PubMed sowie Social Sciences Citation Index (SSCI)/Web of Science. Die Datenbankrecherchen kombinierten zahlreiche deutsch- und entsprechende englischsprachige (trunkierte) Begriffe, die unterschiedlichen inhaltlichen Kategorien zugeordnet werden können:

- Bezeichnungen sozialer Gruppen und Zusammenschlüsse (bei englischen Recherchen etwa „clan*", „famil*", „gang*"),
- Verweise auf Verwandtschaftsbeziehungen (etwa „kinship*", „intergeneration*"),
- Verweise auf kriminelle Verhaltensweisen (etwa „crim*", „organi?ed crim*", „offend*", „offenc*"),
- diskursiv zugeschriebene Merkmale hinsichtlich Migration und nationaler Zugehörigkeit (etwa „migra*", „arab*", „leban*", „kurdi*", „turk*").

Im Zuge der stichwortgebundenen Recherche in den genannten Datenbanken wurden die jeweiligen Trefferlisten in ein Literaturverwaltungsprogramm importiert. Während des Imports wurden die plattformintern sowie plattformübergreifend entstandenen Dubletten automatisiert entfernt. Nach Abschluss der systematischen Datenbankrecherche lagen 9.203 Arbeiten vor. Auf Basis dieser Publikationen wurden Einschlägigkeitsprüfungen anhand von Titeln, Abstracts und – soweit erforderlich – der Volltexte vorgenommen. Notwendige Bedingungen waren zunächst der innerhalb der Arbeit hergestellte Bezug zu abweichendem Verhalten sowie der Bezug zu einer damit in Verbindung stehenden abgrenzbaren sozialen Gruppe. Ein hinreichendes Kriterium für den Einbezug in den vorliegenden Literaturreview war eine angenommene bzw. unterstellte Nähe zum Phänomenkomplex sogenannter ‚Clankriminalität'.

Nordrhein-Westfalen (2020; 2021), Niedersächsischer Landtag (2019; 2020a; 2020b; 2021).

[5] Am Rande auch eine Publikation in italienischer Sprache (Rigoni, 2021), die in Zusammenhang mit Forschungsarbeiten in Deutschland entstand und sich ausdrücklich auf die deutsche Situation bezieht.

An diese systematischen Suchen schlossen sich umfangreiche freie Internetrecherchen (u. a., um auch die häufig in Datenbanken nur zu einem geringen Anteil repräsentierte sogenannte „graue Literatur" einbeziehen zu können) sowie die Sichtung der Literaturverzeichnisse einschlägiger Publikationen zur Identifikation weiterer relevanter Arbeiten an.

Letztlich wurden zur Darstellung des Standes der Fach- und Forschungsliteratur zum Erscheinungsbild von ‚Clankriminalität', den Entstehungsbedingungen und Reaktionen hierauf insgesamt 104 Publikationen der Jahre 2000 bis 2021 einbezogen. Allein 87 dieser Publikationen wurden 2018 und später veröffentlicht. Dies veranschaulicht, dass die Auseinandersetzung mit dem Phänomenbereich im Wesentlichen noch sehr jung ist. Bei den als einschlägig identifizierten Arbeiten handelt es sich in 54 Fällen um Veröffentlichungen in Zeitschriften, etwa aus dem Bereich der Sozialwissenschaften, der Kriminologie, der sonstigen Kriminalwissenschaften sowie der polizeilichen bzw. sicherheitsbehördlichen Fachpraxis (davon allein 18 Arbeiten, die in der Zeitschrift ‚Kriminalistik' veröffentlicht wurden). Des Weiteren wurden 7 Monografien, 12 Beiträge in Herausgeberwerken sowie 31 weitere Veröffentlichungen ausgewertet. Bei den letztgenannten handelt es sich insbesondere um Projektberichte aus Forschungskontexten, Publikationen auf Websites einschlägiger Institutionen und Organisationen sowie sicherheitsbehördliche Datenaufbereitungen, insbesondere in den letzten Jahren von Bund und Ländern veröffentlichte Lagebilder zum Themenbereich ‚Clankriminalität'. Die 104 Publikationen sind keineswegs mit einer gleichen Zahl voneinander unabhängiger empirischer Studien gleichzusetzen. Vielmehr sind die meisten Arbeiten konzeptueller Natur, rezipieren vorhandenes Schrifttum oder sind deskriptiv ausgerichtet, mit einer oftmals nicht im Detail explizierten Datenbasis. Zudem gibt es mannigfaltige Überschneidungen und Redundanzen zwischen Texten, was sich auch in der Häufung einzelner Autor:innennamen andeutet.

Die weitaus meisten identifizierten Arbeiten (85 von 104) wurden in deutscher Sprache veröffentlicht. Dies weist zum einen darauf hin, dass die Wahrnehmung von ‚Clankriminalität' als gesellschaftliches und kriminalpolitisches Problem in besonders starkem Maße in Deutschland verankert ist. Zum anderen werden entstehende Arbeiten bislang nur selten in englischer Sprache und damit auch für ein internationales Publikum veröffentlicht.

Die Art der Auseinandersetzung ist äußerst heterogen. Mitunter handelt es sich um Darstellungen der (sicherheitsbehördlichen) Praxis (vgl. beispielsweise Henninger & Susebach, 2005; Sari & Lehnert, 2021) oder Perspektiven auf Maßnahmen der Prävention und Repression (vgl. beispielsweise Wendt, 2021b; Werner, Seidensticker & Querbach, 2021).

Einige Beiträge setzen sich mit dem Begriff der Clankriminalität auseinander (so z. B. Reinhardt, 2020), während andere potenzielle Entstehungsbedingungen in den Blick nehmen (vgl. beispielsweise Duran, 2019a; Ghadban, 2018b). Zudem gibt es einige Beiträge, in welchen das kriminalisierende bzw. stigmatisierende Potenzial des Konzepts ‚Clankriminalität' (vgl. beispielsweise Schweitzer, 2020) sowie rechtspolitische Probleme (z. B. Nöding, 2021; Rauls & Feltes, 2021) diskutiert werden.

Empirische Arbeiten sind insgesamt noch selten. Soweit überhaupt originäre Studien in diesem Themenfeld vorliegen, haben sie zumeist sehr spezifische, teils auch eher randständige Facetten des Themenkomplexes ‚Clans'/‚Clankriminalität' zum Gegenstand. Als Studien mit empirischen Anteilen zu nennen sind insbesondere die folgenden Beiträge:

- In einer Reihe von Arbeiten (u. a. Jaraba, 2016; 2019a; 2019b, 2020; Rohe, 2016; 2019b; Rohe & Jaraba, 2015; 2018; siehe auch Elliesie, 2018; Elliesie, Foblets, Sadyrbek & Jaraba, 2019; Elliesie & Heller, 2020; Rigoni, 2021) werden Aspekte informeller Konfliktregulation und einer möglichen „islamischen Paralleljustiz" zum Gegenstand gemacht. Die im Wesentlichen interviewgestützten Studien nehmen insofern eine Facette dessen in den Blick, was mit dem Terminus ‚Clans' assoziiert wird, haben allerdings nicht unmittelbar und zentral ‚Clankriminalität' im Sinne des systematischen Begehens von Straftaten unterschiedlicher Art aus einem großfamiliären Verbund heraus zum Gegenstand.
- Eine Studie von Hausam, Seewald, Mannert und Dahle (2020) untersuchte „junge Intensivtäter als besondere Herausforderung für Jugendstrafvollzug und Sozialtherapie". In der Durchführung der Studie (in Berlin) zeigte sich, dass die untersuchten jungen Täter deutliche Bezüge zur Organisierten Kriminalität aufweisen und dass „die OK-Zugehörigkeit" in der von Hausam et al. untersuchten „Stichprobe überwiegend (wenn auch nicht ausschließlich) in der … arabischstämmigen Clankriminalität zu verorten ist" (2020, S. 81). Insofern enthält und diskutiert die Arbeit einige Befunde zu jugendlichen Straftätern mit ‚Clanbezug'. ‚Clankriminalität' ist jedoch nicht der zentrale Gegenstand der Studie.
- In zwei qualitativen Texten zu polizeilichen Raumwahrnehmungen und -konstruktionen (Brauer, Dangelmaier & Hunold, 2020; Dangelmaier, Brauer & Hunold, 2021) wird auch das Thema der sozialen Konstruktion der ‚Clanproblematik' aufgegriffen. Thematisch verwandt sind Arbeiten von Rinn und Wehrheim (2021a; 2021b), die am Fall eines Großstadtquartiers auf Medienanalysen und Interviews gestützt die sicherheitsbehördliche und mediale Konstruktion eines städtischen

Problemraums untersuchen; die Publikationen sind im vorliegenden Kontext insofern relevant, als der untersuchte Stadtteil gewissermaßen als ‚Clangebiet‘ (und daher als gefährlicher Ort) konstruiert wurde.

- Eine Arbeit von Jaraba (2021) nimmt auf vielfältige Interviews in ‚Clanmilieus‘ Bezug. In dem bislang veröffentlichten Material werden Erkenntnisse eher zusammenfassend und dabei summarisch auf die geführten Gespräche rekurrierend präsentiert; eine systematischere Darstellung des Materials und der zur Erkenntnisgewinnung eingesetzten Methodik dürfte späteren Veröffentlichungen vorbehalten bleiben.
- Das aus europäischen Mitteln unterstützte Projekt KEEAS („Kriminalitäts- und Einsatzbrennpunkte geprägt durch ethnisch abgeschottete Subkulturen“; siehe Landeskriminalamt Nordrhein-Westfalen, 2018[6]) versteht sich als „Analyseprojekt“, nicht als Forschungsprojekt. Es wird berichtet, dass im Rahmen des Projekts Expert:innenworkshops und Fokusgruppeninterviews durchgeführt, transkribiert und anschließend inhaltsanalytisch ausgewertet wurden. „Die so generierten Ergebnisse dienten insbesondere der Identifizierung polizeilicher Handlungsfelder, der Konkretisierung technischer Bedarfe und schließlich der Formulierung von Handlungsempfehlungen“ (Landeskriminalamt Nordrhein-Westfalen, 2018, S.11). Insofern kann auch diesem Projekt eine gewisse erfahrungswissenschaftliche Komponente zugebilligt werden.[7]
- Seeliger (2020) nimmt eine Art von filmsoziologischer Analyse und Interpretation der Serie ‚4 Blocks‘[8] vor; in dieser Arbeit geht es entsprechend nicht um ‚Clankriminalität‘ als solche, sondern um deren mediale Darstellung und den möglichen Beitrag derartiger Repräsentationen „zur symbolischen Konstruktion gesellschaftlicher Stereotype“ (Seeliger, 2020).
- Rostami, Mondani, Liljeros und Edling (2018) untersuchen die sogenannte „Syriac Mafia“ im Großraum Stockholm (Schweden) als eines von vier Beispielen ‚krimineller Kollaboration‘ (zu denen ansonsten u. a. auch die Hells Angels gehören). Die Arbeit basiert – über alle in die Analyse einbezogenen Gruppen hinweg – auf der Auswertung

[6] Neben dem Landeskriminalamt Nordrhein-Westfalen wirkten das Bundeskriminalamt, das Zollkriminalamt, die Bundespolizei und die Landeskriminalämter Niedersachsen und Bremen unmittelbar im Projekt mit.

[7] Wenngleich ein Bezug zu den erhobenen Daten und den damit durchgeführten Analysen im Abschlussbericht (Landeskriminalamt Nordrhein-Westfalen, 2018) allenfalls punktuell nachvollziehbar gemacht wird.

[8] https://warnertv.de/serie/sendungen/4blocks

von ca. 40 Interviews mit Mitgliedern der Gruppierungen sowie von fast 800 Polizei- und Justizdokumenten.

Insgesamt ist die Zahl der für das Themenfeld relevanten empirischen Arbeiten noch sehr gering und es handelt sich dabei überwiegend um kleinere Studien. Zudem ist nur zum Teil das Thema ‚Clankriminalität' der zentrale Gegenstand der Arbeiten und etliche befassen sich – wie die Arbeiten zu Paralleljustiz – mit einer eher spezifischen Facette der Thematik. Wenn – wie Windle und Silke (2019) es in ihrem Review tun – für den Bereich der Forschung zu Organisierter Kriminalität festgestellt werden kann, dass dort ein Mangel an Primärdaten herrscht und ein starker Rückgriff auf staatlich produzierte Daten und mediale Quellen zu verzeichnen ist, dann deuten sich darin Problemlagen an, wie sie auch für ein etwaiges Forschungsfeld ‚Clankriminalität' von Relevanz sein können. Allerdings hat sich dieses Feld – im Unterschied zu dem der Organisierten Kriminalität, in Bezug auf welches etwa 1989 von Fijnaut ebenfalls das noch weitgehende Fehlen von Forschungsbemühungen konstatiert worden war, das inzwischen aber vielfältige Publikationen hervorbringt, eigene Journals und Konferenzen pflegt etc. – derzeit noch kaum entwickelt.

3 Befunde zur ‚Clankriminalität'

3.1 Befunde zur Phänomenologie von ‚Clankriminalität'

Der erste Teil dieses Reviews geht der Frage nach, welches Wissen zum Phänomen der ‚Clankriminalität' vorhanden ist. Dieses Anliegen lässt sich nicht trennen von der Frage, was denn unter ‚Clankriminalität' verstanden wird und verstanden werden sollte. Weitestgehende Einigkeit herrscht in der Literatur darüber, dass es bislang weder in der sicherheitsbehördlichen Praxis noch in der Literatur eine einheitliche und konsentierte Definition von ‚Clankriminalität' gibt. Die Einigkeit endet aber dort, wo es um die konkreten Bestimmungsstücke einer Definition des Terminus ‚Clankriminalität' sowie um die Frage der Erforderlichkeit und Nützlichkeit eines solchen Begriffs und der möglicherweise mit ihm assoziierten Probleme geht. Definitionen dessen, was ‚Clankriminalität' ausmacht, liegen bislang vor allem aus dem sicherheitsbehördlichen Bereich vor. In der Fachliteratur wird dann auf diese polizeilichen Definitionen und definitorischen Ansätze vielfältig – affirmativ wie kritisch abgrenzend – Bezug genommen.

Zur Thematik des Begriffs und der Phänomenologie von ‚Clankriminalität' werden im vorliegenden Review auch einschlägige polizeiliche Lagebilddarstellungen herangezogen. Wenngleich es sich hier ohne Zweifel nicht um Forschungsliteratur handelt (sondern um behördliche Tätigkeitsnachweise, administrative Problemkonzeptualisierungen und das Reklamieren von Zonen der Zuständigkeit und des Handlungsbedarfs[9]), kann eine Darstellung des Schrifttums zum Phänomen sogenannter Clankriminalität kaum an ihnen vorbeigehen. Polizeiliche (bzw. im Einzelfall inzwischen auch justizielle) Lagebilder sind die detailliertesten Zeugnisse aktueller Prozesse der Konstruktion von ‚Clankriminalität'. Zudem wird in der sonstigen Literatur – auch in Ermangelung anderer verfügbarer Daten – vielfach auf Lagebildbefunde Bezug genommen (dies durchaus auch in kritischer Abgrenzung, sowohl was ihre Validität als auch was ihr Stigmatisierungspotenzial angeht).

Zu den erwähnten polizeilichen Problemdarstellungen gehören einerseits Ausführungen, wie sie sich beginnend mit dem Jahr 2018 in den bundesweiten Lagebildern zur Organisierten Kriminalität des Bundeskriminalamtes finden (Bundeskriminalamt, 2019; 2020; 2021), andererseits spezifische Lagebilddarstellungen der Länder Berlin (Der

[9] Kritisch zur Aussagekraft polizeilicher Lagebilddarstellungen u. a. Pütter (1997; 2004).

Polizeipräsident in Berlin, 2021), Niedersachsen (Generalstaatsanwaltschaft Celle & Landeskriminalamt Niedersachsen, 2021; Landeskriminalamt Niedersachsen, 2020) und Nordrhein-Westfalen (Landeskriminalamt Nordrhein-Westfalen, 2019; 2020; 2021[10]).

Zum Begriff der ‚Clankriminalität' in polizeilichen Lagebild-darstellungen

Eine explizite Definition von ‚Clankriminalität' liegt seitens des Landeskriminalamts Nordrhein-Westfalen vor. Dort (vgl. etwa Landeskriminalamt Nordrhein-Westfalen, 2021, S. 7) wird unter Clankriminalität „die vom Gewinn- oder Machtstreben bestimmte Begehung von Straftaten unter Beteiligung Mehrerer" verstanden, „wobei" – so fährt die Begriffsexplikation fort – „in die Tatbegehung bewusst die gemeinsame familiäre oder ethnische Herkunft als verbindende, die Tatbegehung fördernde oder die Aufklärung der Tat hindernde Komponente einbezogen wird", „die Tatbegehung von einer fehlenden Akzeptanz der deutschen Rechts- oder Werteordnung geprägt ist" und „die Straftaten einzeln oder in ihrer Gesamtheit von erheblicher Bedeutung sind" (S. 7). Hervorgehoben werden also die gemeinschaftliche Tatbegehung, das Streben nach Macht oder Gewinn als Motiv, die erhebliche Bedeutsamkeit der Taten, das bewusste Einbeziehen der gemeinsamen Herkunft (ethnisch oder familiär) in die Tatbegehung (als die Tatbeteiligten verbindend, die Tatbegehung fördernd, die Tataufklärung beeinträchtigend) sowie die Prägung der Tatbegehung durch Nichtakzeptanz des Rechtssystems und der „Werteordnung" der deutschen Gesellschaft.

Das Bundeskriminalamt verwendet in seinen Lagebildern zur Organisierten Kriminalität keine Definition von ‚Clankriminalität', sondern „Zuordnungs-kriterien" und „Indikatoren" (bzw. spezifischer „Zuordnungskriterien und Indikatoren für Clankriminalität i. Z. m. Organisierter Kriminalität"; Bundeskriminalamt, 2021, S. 24). Unter dieser Überschrift finden sich dann Formulierungen, die sprachlich dennoch einem Definitionsversuch nahe zu kommen scheinen. „Clankriminalität", so heißt es, „ist die Begehung von Straftaten durch Angehörige ethnisch abgeschotteter Subkulturen. Sie ist geprägt von verwandtschaftlichen Beziehungen, einer gemeinsamen ethnischen Herkunft und einem hohen Maß an Abschottung der Täter, wodurch die Tatbegehung gefördert oder die Aufklärung der Tat erschwert

[10] Das ebenfalls als von ‚Clankriminalität' in besonderem Maße als betroffen geltende Bundesland Bremen hat bislang auf ein eigenes öffentliches Lagebild verzichtet (hatte allerdings schon früh eine spezifische „Informationssammelstelle ethnische Clans – ISTEC" geschaffen, deren Daten etwa auch in die Beantwortung parlamentarischer Anfragen eingeflossen sind, siehe etwa Bremische Bürgerschafft, 2017a).

wird. Dies geht einher mit einer eigenen Werteordnung und der prinzipiellen Ablehnung der deutschen Rechtsordnung“ (Bundeskriminalamt, 2021, S. 24). Als „Indikatoren“ werden (mit dem Zusatz, dass ‚Clankriminalität‘ diese aufweisen „kann“) sodann genannt: „eine starke Ausrichtung auf die zumeist patriarchalisch-hierarchisch geprägte Familienstruktur“, „eine mangelnde Integrationsbereitschaft mit Aspekten einer räumlichen Konzentration“, „das Provozieren von Eskalationen auch bei nichtigen Anlässen oder geringfügigen Rechtsverstößen“, „die Ausnutzung gruppenimmanenter Mobilisierungs- und Bedrohungspotenziale“ sowie „ein erkennbares Maß an Gewaltbereitschaft“ (Bundeskriminalamt, 2021, S. 24).

Im Unterschied zu den anderen Bundesländern und zum Bundeskriminalamt verwendet das Landeskriminalamt Berlin den Terminus ‚Clankriminalität‘ regelmäßig in Anführungszeichen. Begrifflich bestimmt wird „Clankriminalität“ als „die Begehung von Straftaten durch Angehörige ethnisch abgeschotteter Strukturen (‚Clans‘)“ (Der Polizeipräsident in Berlin, 2021, S. 3). Sie sei „bestimmt von verwandtschaftlichen Beziehungen und/oder einer gemeinsamen ethnischen Herkunft und einem hohen Maß an Abschottung der Täter, wodurch die Tatbegehung gefördert oder die Aufklärung der Tat erschwert wird“. Dies gehe „einher mit einer eigenen Werteordnung und der grundsätzlichen Ablehnung der deutschen Rechtsordnung“ (Der Polizeipräsident in Berlin, 2021, S. 3). Auch das Landeskriminalamt Berlin operiert mit dem Konzept von „Indikatoren“; ‚Clankriminalität‘ könne „einen oder mehrere … Indikatoren aufweisen“; genannt werden dann die folgenden: (a) „eine starke Ausrichtung auf die zumeist patriarchalisch-hierarchisch geprägte Familienstruktur“, (b) „eine mangelnde Integrationsbereitschaft mit Aspekten einer räumlichen Konzentration“, (c) „das Provozieren von Eskalationen auch bei nichtigen Anlässen oder geringfügigen Rechtsverstößen“ und (d) „die Ausnutzung gruppenimmanenter Mobilisierungs- und Bedrohungspotenziale“ (Landeskriminalamt Berlin, 2021, S. 3).

Die Sicherheitsbehörden des Landes Niedersachsen schließlich wählen einen etwas anderen Zugang. Sie definieren zunächst in knapper Form den Begriff des ‚Clans‘ und bestimmen von dort ausgehend die Merkmale einer „kriminellen Clanstruktur“ (Generalstaatsanwaltschaft Celle & Landeskriminalamt Niedersachsen, 2021, S. 6). Ein Clan wird verstanden als „eine durch verwandtschaftliche Beziehungen und eine gemeinsame ethnische Herkunft verbundene Gruppe“ (S. 6). Von diesem nicht wertenden Terminus ausgehend, heißt es, unter einer „kriminellen Clanstruktur“ sei „ein durch ergänzende Indikatoren geprägter Clan“ zu verstehen (S. 6). Als Indikatoren werden dann (mit dem Zusatz „unter anderem“, also offenbar nicht als eine abschließende Merkmalsliste) genannt:

- „das Ausleben eines stark überhöhten familiären Ehrbegriffs und das innerfamiliäre Sanktionieren von Verstößen gegen diesen Ehrbegriff,
- das Voranstellen von familieninternen, oft im Gewohnheitsrecht verwurzelten Normen über das Gesetz und die Verfassung,
- ein hohes Maß an Gewaltbereitschaft, welche durch ein hohes Mobilisierungspotential gestützt wird,
- das Provozieren von Eskalationen auch bei nichtigen Anlässen oder geringfügigen Rechtsverstößen unter Ausnutzung clanimmanenter Mobilisierungs- und Bedrohungspotentiale,
- eine mangelnde Integrationsbereitschaft, die mitunter Aspekte einer Ghettoisierung bis hin zur inneren Abschottung enthält und ein bewusstes oder generelles Ablehnen der allgemeinen Rechtsordnung erkennen lässt und
- eine den Rechtsstaat umgehende oder unterlaufende Paralleljustiz“ (Generalstaatsanwaltschaft Celle & Landeskriminalamt Niedersachsen, 2021, S. 6).

Abschließend heißt es dann (und es ist nicht klar ersichtlich, ob dies noch zur Definition gehört oder möglicherweise sogar eine Verdichtung derselben darstellt): „Es handelt sich um Strukturen, in denen neben der Begehung von Straftaten das Verursachen von Gefahren für die öffentliche Sicherheit durch ein familiäres Netzwerk geduldet, gefördert oder geprägt wird“ (Generalstaatsanwaltschaft Celle & Landeskriminalamt Niedersachsen, 2021, S. 6). Von der niedersächsischen Justiz und Polizei wird somit nicht ‚Clankriminalität‘ (d. h. ein Ensemble von Handlungen) definiert, sondern ein ‚krimineller Clan‘ (d. h. eine Personengruppe bzw. eine Assoziationsform von Menschen). Der Stellenwert der „Indikatoren“ bleibt in der Definition teilweise offen; unklar ist insbesondere, inwieweit das Vorkommen eines einzelnen Indikators bereits einen ‚Clan‘ zu einem ‚kriminellen Clan‘ qualifizieren kann.

Am Rande erwähnt sei noch eine Definition von ‚Clankriminalität‘ aus dem Bereich der Justiz. Sie stammt aus einer Allgemeinverfügung des niedersächsischen Justizministeriums zur Einrichtung einschlägiger Schwerpunktstaatsanwaltschaften (Niedersächsisches Justizministerium, 2020) und fasst unter das Clankriminalitätskonzept „Straftaten und Ordnungswidrigkeiten von Personen, die durch ethnische Zugehörigkeit geprägten Gruppierungen oder Familienstrukturen angehören, die sich durch hohes kriminelles Potenzial und eine allgemein rechtsfeindliche Gesinnung auszeichnen“. Ausschlaggebend scheinen hier demnach die Gruppenzugehörigkeit einer delinquenten Person sowie zwei Merkmale der Gruppe zu sein, die mit ‚kriminellem Potenzial‘ und einer grundsätzlich gegen das geltende Recht gerichteten ‚Gesinnung' beschrieben werden. Beide Komponenten sind eher unbestimmt und in hohem Maße interpretationsbedürftig und -fähig.

Betrachtet man diese polizeilichen bzw. im Einzelfall auch strafjustiziellen Annäherungen an ein Konzept von ‚Clankriminalität', so sind – bei durchaus erkennbaren Unterschieden sowohl in der grundsätzlichen Herangehensweise als auch in der Ausgestaltung im Detail – wiederkehrende Merkmale erkennbar, die offenbar aus einer sicherheitsbehördlichen Perspektive ‚Clankriminalität' bezeichnen und kennzeichnen:

- Bei ‚Clankriminalität' handelt es sich zunächst einmal grundsätzlich um Straftaten, also um Verstöße gegen Bestimmungen des Strafgesetzbuches und strafrechtlicher Nebengesetze. Dessen ungeachtet werden in der Praxis der polizeilichen Registrierung von ‚Clankriminalität' und der hieraus resultierenden Lagebilderstellung jedenfalls teilweise auch Problemlagen erfasst, die außerhalb des Bereichs des strafrechtlich Relevanten und Vorwerfbaren liegen.
- Neben dem Umstand des Begehens von Straftaten ist in den Begriffsbestimmungen von Verhaltensmerkmalen und Verhaltenspotenzialen die Rede, die offenbar für ‚Clankriminalität' und ‚Clankriminelle' als konstitutiv angesehen werden. Es wird von „Gewaltbereitschaft" und „Mobilisierungspotenzial" gesprochen. Diese Elemente der Begriffsbestimmungen nehmen vor allem Bezug auf kollektives Handeln im öffentlichen Raum, das sich durch provokante und eskalierende Verhaltensmuster auszeichnet, durch „zur Schau gestellte Gewalt in Verbindung mit Männlichkeit, Macht und Dominanz" (Bannenberg & Schmidt, 2020, S. 592). Auf polizeilicher Seite ist hier meist von „Tumultlagen" (gelegentlich auch „Tumultdelikten") die Rede, bei denen sowohl Auseinandersetzungen unter rivalisierenden Gruppierungen als auch die Konfrontation mit polizeilichen Kräften im Vordergrund stehen (vgl. auch Oberloher, 2021, S. 27f.).
- Zum Teil werden inhaltliche und terminologische Bezüge zwischen ‚Clankriminalität' und Organisierter Kriminalität hergestellt. Beim Bundeskriminalamt ist dies gewissermaßen systemimmanent, da der Phänomenbereich ‚Clankriminalität' dort im Lagebild zur Organisierten Kriminalität behandelt wird und es entsprechend ausschließlich um „Clankriminalität i. Z. m. Organisierter Kriminalität" geht (was aber zugleich die Annahme von Bezügen oder Schnittmengen beider Phänomenbereiche impliziert). Darüber hinaus offenbart vor allem die Definition des Landeskriminalamts Nordrhein-Westfalen starke Anklänge an Begriffsbestimmungen zur Organisierten Kriminalität und hier insbesondere an die „Gemeinsamen Richtlinien der Justizminister/-

senatoren und Innenminister/-senatoren der Länder über die Zusammenarbeit von Staatsanwaltschaft und Polizei bei der Verfolgung der Organisierten Kriminalität“[11] aus dem Jahr 1991 (dazu etwa Schweer, 2006; Wessel, 2003). Insbesondere die Zuschreibung von Macht- und Gewinnstreben als motivierenden Faktoren, das Merkmal der „Beteiligung Mehrerer“ und die Zuweisung von Schwere, Bedeutsamkeit und Erheblichkeit („einzeln oder in ihrer Gesamtheit von erheblicher Bedeutung“) weisen deutliche Parallelen zu OK-Begriffsbestimmungen auf.

- In den verschiedenen Begriffsbestimmungen in etwas unterschiedlicher Ausgestaltung anzutreffen ist das Merkmal des Familien- bzw. Großfamilienbezugs. Die Familie wird als kriminogener Kontext begriffen, der Straftaten duldet, die Begehung von Straftaten fördert und ihre Aufdeckung erschwert oder verhindert. Jenseits derart eher ‚kulturfreier‘ Funktionen beim Zustandekommen von ‚Clankriminalität‘ ist davon die Rede, dass diejenigen Familien, die – prototypisch oder exklusiv – bei der Erstellung der Definitionen oder Begriffsannäherungen in den Blick genommen wurden, patriarchalisch geprägt und hierarchisch strukturiert seien, dass einem familialen Ehrbegriff Bedeutung zukomme und dass die (Groß-)Familie auf Verstöße gegen Ehrkonzepte mit Sanktionen reagiere. Dies legt Assoziationen etwa zu der aus der Kulturanthropologie (Benedict, 1989) erwachsenen Unterscheidung zwischen „Schamkulturen“ und „Schuldkulturen“ nahe, von denen erstere auf die Vermeidung von Scham und die Wahrung von Ehre und Stolz hin orientiert sind (siehe auch Cozens, 2018; Gilligan, 2003). In der Anwendung des Begriffs ‚Clankriminalität‘ wird dann tatsächlich vielfach abweichendes Verhalten von Mitgliedern von Familien aus dem arabischen bzw. dem arabisch-türkischen (bisweilen auch dem arabisch-türkisch-nordafrikanischen) Raum in Betracht gezogen. Die Definitionen selbst nehmen eine derartige kulturelle Eingrenzung nicht vor, legen – nicht zuletzt durch Bezugnahme auf nicht kulturunabhängige familiale Attribute – Fokussierungen aber nahe.
- Neben der familialen wird in den Definitionen und Begriffsbestimmungen auch eine ethnisch-kulturelle Einbettung von ‚Clankriminalität‘ angesprochen. Analog zu und verbunden mit der Familie geht es hier um die Einbindung und Einbettung von Handeln in

[11] Gemeinsame Richtlinien der Justizminister/-senatoren und der Innenminister/-senatoren der Länder über die Zusammenarbeit von Staatsanwaltschaft und Polizei bei der Verfolgung der Organisierten Kriminalität [GemRLZusStAOrgKrim]; https://beck-online.beck.de/Dokument?vpath=bibdata%2Fges%2Fristbv_anle%2Fcont%2Fristbv_anle.htm&anchor=Y-100-G-RISTBV_ANLE

eine soziale Gruppe mit einem eigenen Werte- und Normensystem und eigenen Mechanismen der Sozialkontrolle.

- Ferner ist in unterschiedlichen Formulierungen in den sicherheitsbehördlichen Begriffsexplikationen wiederholt von „Abschottung“ und Nicht-Integration die Rede. Ging es bei den beiden vorgenannten Merkmalen darum, dass das Handeln der ‚Clankriminellen‘ in Familie, Großfamilie, Ethnie eingebunden ist, richtet sich der Blick nun auf die Abgrenzung dieser Kollektive von der Gesamtgesellschaft. In den Definitionsansätzen des Bundeskriminalamts und der Landeskriminalämter Nordrhein-Westfalen und Niedersachsen ist von „ethnisch abgeschotteten Subkulturen“ bzw. „ethnisch abgeschotteten Strukturen“, einer „Abschottung der Täter“ und einer „inneren Abschottung“ die Rede. Zugleich wird den fraglichen Kollektiven „mangelnde Integrationsbereitschaft“ attestiert. Abschottung bzw. fehlende Integration könnten zudem auch in einer räumlichen Konzentration zum Ausdruck kommen; von „Ghettoisierung“ ist die Rede. Der Begriff der Abschottung wird mit einem hohen Maß an Selbstverständlichkeit gebraucht, ohne dass ausgeführt würde, worin diese „Abschottung“ besteht und wie sie praktiziert wird. Auch die ‚Clans‘ bzw. ihren Mitgliedern zugeschriebene mangelnde Integrationsbereitschaft bleibt inhaltlich weitgehend unbestimmt. Nicht spezifiziert wird, welche Aspekte von Integration und Integrationsbereitschaft hier angesprochen sind und inwieweit es etwa um schulische, berufliche, soziale, sprachliche, normative oder identifikative Integration geht (vgl. zu den Facetten des Integrationsbegriffs u. a. Bauer, 2013).
- Auf diese Frage gibt möglicherweise ein weiteres offenbar konstitutives Merkmal von ‚kriminellen Clans‘ und ‚Clankriminalität‘ indirekt Auskunft, nämlich die in den Begriffsbestimmungen angesprochene Relation zur deutschen Rechtsordnung. Es ist von einer fehlenden Akzeptanz geltender Rechtsnormen, einer Bezugnahme auf Gruppennormen und dem Unterhalten alternativer bzw. eigengesetzlicher Modi der Konfliktregulation („Paralleljustiz“) die Rede. Insofern steht offenbar vor allem die normative Integration der ‚Clanfamilien‘ in Frage.[12]

Mit Ausnahme des Landeskriminalamts Nordrhein-Westfalen ist in den polizeilichen Begriffsbestimmungen jeweils auch von „Indikatoren“ die Rede, die also offenbar auf ‚Clankriminalität‘ ‚hinweisen‘. Dabei ist die

[12] Zur normativen Integration u. a. Birnbacher, Goergen & Tiedemann (2021), Etzioni (2018). Honneth verweist darauf, dass erfolgreiche normative Integration von der Fähigkeit von Gesellschaften abhänge, stabile Strukturen sozialer Anerkennung zu schaffen (Hartmann & Honneth, 2004; Petersen & Willig, 2002, S. 271).

Bedeutung des Terminus „Indikator" wenig umrissen und es bleibt weitgehend offen, inwieweit es sich bei den jeweils genannten Indikatoren einzeln, in Teilmengen oder in ihrer Gesamtheit um notwendige oder hinreichende Voraussetzungen für die Annahme handelt, dass man es mit ‚Clankriminalität' oder mit einem ‚kriminellen Clan' zu tun habe.[13]

Terminologische Auseinandersetzungen mit dem Clanbegriff in der Fachliteratur

Der inhaltlichen Auseinandersetzung mit ‚Clankriminalität' in der Literatur gehen zum Teil Erläuterungen und Definitionsversuche zum Begriff des ‚Clans' voraus. So spricht Dienstbühl (2021, S. 20) von Clans als der „ältesten und natürlichsten Form menschlicher Organisationen ..., welche durch die gleiche Sprache, Kultur und Regeln ein Zugehörigkeitsgefühl aufweisen". Allerdings werde der Begriff „im gegenwärtigen kriminologischen und polizeilichen Sinne in einem speziellen festgelegten Kontext gebraucht, der sich auf die Abstammung bezieht". Mit dem Terminus werde „gemeinhin … die arabische Großfamilie assoziiert, die den verwandtschaftlichen Zusammenschluss diverser Kernfamilien bezeichnet" (S. 24; siehe auch Dienstbühl, 2020c, S. 210). Die Verfasserin unterscheidet hier also offenbar zwischen einem abstrakten oder allgemeinen Clanbegriff (welcher grundsätzlich kulturunabhängig ist) und einem Begriff, wie er in kriminalitätsbezogenen (insbesondere sicherheitsbehördlichen) Diskursen verwendet wird. Es existierten „Namen, die mit Clans assoziiert werden". Dabei sei zu beachten, dass „es sich dabei mitnichten zwangsläufig um Blutsverwandtschaft handelt. Vielmehr haben sich Menschen bei Einwanderung nach Deutschland selbst einem Clan zugeordnet, indem sie sich einen Nachnamen gegeben haben. Mittlerweile haben einige wieder den Namen gewechselt oder geheiratet. Somit kann man in einen Clan ganz

[13] Ein solches Operieren mit ‚Indikatoren' bestimmter Formen von Kriminalität prägt auch die (polizeiliche) Befassung mit Organisierter Kriminalität und hat dort Tradition (siehe z. B. Rebscher & Vahlenkamp, 1988). So enthalten bereits die „Gemeinsamen Richtlinien der Justizminister/-senatoren und der Innenminister/-senatoren der Länder über die Zusammenarbeit von Staatsanwaltschaft und Polizei bei der Verfolgung der Organisierten Kriminalität" eine Anlage: mit dem Titel „Generelle Indikatoren zur Erkennung OK-relevanter Sachverhalte" (https://www.gesetze-rechtsprechung.sh.juris.de/jportal/portal/page/bsshoprod?feed=bssho-vv&showdoccase=1&paramfromHL=true&doc.id=VVSH-VVSH000004295). In dieser Anlage wird eine Vielzahl von ‚Indikatoren' benannt. Diese sind zum Teil recht spezifisch (z. B. „Inkaufnahme von Verlusten bei Gewerbebetrieben", „Vorhalten von Ruheräumen im Ausland", „Verwendung verhältnismäßig teurer oder schwierig einzusetzender wissenschaftlicher Mittel und Erkenntnisse"), zum Teil wiederum so allgemein (z. B. „arbeitsteiliges Zusammenwirken", „hierarchischer Aufbau"), dass sie in dieser oder einer sehr ähnlichen Form zugleich Definitionselemente darstellen (können).

unterschiedliche Namen subsumieren. ... Menschen, die einen bestimmten Namen haben, gehören nicht zwangsläufig zu einem Clan, dafür gehören Menschen mit vielen weiteren Namen dazu“[14] (Dienstbühl, 2020a, S. 32).

Im oben bereits erwähnten KEEAS-Projekt wird eine „ethnisch oder familiär gegründete Struktur gegenseitiger Verpflichtungen“ als Synonym für ‚Clan‘ verwendet (Landeskriminalamt Nordrhein-Westfalen, 2018, S. 5). Seidensticker und Werner (2021) charakterisieren einen Clan als „Gruppe, die eine gemeinsame Kultur, Sprache, ein gemeinsames Siedlungsgebiet und weitere zum Beispiel wirtschaftliche Gemeinsamkeiten teilt, sowie vorgibt gleiche Vorfahren zu haben“; letztere könnten „realer oder mythischer Natur sein“ (S. 136). Die Zusammengehörigkeit innerhalb eines Clans könne verstanden werden als die „Anerkennung gemeinsam geteilter Verpflichtungen wie gegenseitige Unterstützung, Vergeltung oder die Verpflichtung, nicht untereinander zu heiraten, die auch einer Familie zugesprochen werden“ (Seidensticker & Werner, 2021, S. 136). Auch Seidensticker und Werner sprechen die faktische polizeiliche Engführung des Clanbegriffs auf „libanesisch-/türkisch-/arabischstämmige beziehungsweise arabischsprachige Großfamilien“ (S. 137) an und werfen sowohl im Hinblick auf das „Merkmal der Nationalität“ (S. 137) als auch auf das der „ausschließlich durch Familienzugehörigkeit abgegrenzten Strukturen“ (S. 138) Fragen hinsichtlich der Nützlichkeit eines derart eingeengten Konzepts für ein „vertieftes Verständnis von Clanstrukturen“ (S. 138) und für den Diskurs um ‚Clans‘ auf.

Haverkamp (2018) kennzeichnet Clans – unter Rückgriff auf Konzepte aus der anthropologischen Forschung – als eine aus Familien gebildete Einheit, die in ihrer Größe unterhalb der des Stammes liegt. Die Mitglieder eines Clans seien durch die Bezugnahme auf einen gemeinsamen Vorfahren verbunden, wobei dieser Vorfahr auch eine mythologische Gestalt sein könne. Clans seien informelle soziale Einheiten, die über eine gemeinsame Identität und durch wechselseitige Solidarität miteinander verbunden seien (Haverkamp, 2018, S. 117)

Ghadban (2016) gibt keine unmittelbare Definition des Begriffs ‚Clan‘; er kennzeichnet einen Clan als „Familienverband“, der „sehr unterschiedlich gestaltet werden“ könne „in Bezug auf Filiation[15], Inzestverbot, Eheschließung und Erbschaft“ (S. 39). Er hebt hervor, dass Clans „in der

[14] Eine Sichtweise, die in einem Spannungsverhältnis zu dem etwa in Nordrhein-Westfalen praktizierten „namensbasierten Ansatz“ bei der „Identifizierung von Clanangehörigen“ (Landeskriminalamt Nordrhein-Westfalen, 2020, S. 7) steht.

[15] Der Begriff bezeichnet die Regelungen hinsichtlich der als legitim betrachteten Abstammung einer Person von einer anderen (siehe z. B. Martínez de Aguirre, 2012).

Regel exogam“ seien, „die Clanmitglieder heiraten außerhalb des eigenen Clans; bei den Arabern jedoch sind die Clans endogam, die Eheschließung findet innerhalb des eigenen Clans statt. Die Endogamie ist das Hauptmerkmal der sogenannten arabischen Familienstruktur und ist weltweit einmalig“ (S. 39).

Insgesamt bleibt das Konzept des ‚Clans‘ in Teilen unscharf. Feltes und Rauls (2020) kritisieren dementsprechend auch eine „pseudowissenschaftliche Auseinandersetzung“ mit ‚Clankriminalität‘, die bislang nicht über „eine verlässliche Definition dessen“ verfüge, „was als ‚Clan‘ bezeichnet wird“ (S. 372). Aus den in der Literatur vorzufindenden Begriffsbestimmungen und -erörterungen ließe sich wohl als gemeinsamer Nenner extrahieren, dass ‚Clans‘ Formen sozialer Assoziation sind, die auf tatsächlicher oder wahrgenommener Verwandtschaft und gemeinsamer Abstammung beruhen und hinsichtlich ihrer Größe oberhalb einer (einzelnen) (Kern-)Familie und unterhalb eines Stammes einzuordnen sind. Es wird zudem deutlich, dass es in der Diskussion um ‚Clankriminalität‘ nicht um ‚Clans‘ unabhängig von ihrer geografischen und ethnischen Verortung geht, dass damit nicht etwa ebenfalls als Clans bezeichnete Assoziationsformen im schottischen Hochland (siehe etwa Roberts, 2000; Stewart, 2016) oder am Horn von Afrika (Hinds, 2013; Lewis, 2015) gemeint sind und auch nicht gleichfalls mit diesem Begriff belegte italienische bzw. südeuropäische Mafiafamilien (siehe z. B. Brancaccio, 2018; Calderoni, Berlusconi, Garofalo, Giommoni & Sarno, 2016; Calderoni, Campedelli, Comunale, Marchesi & Savona, 2020; Campana & Varese, 2013, 2020; Catino, 2019; Catino, Rocchi & Vittucci Marzetti, 2022; Di Gennaro, 2016; Massari & Martone, 2019; Sergi, 2018; 2019; 2021; Sergi & Lavorgna, 2016; Sergi & Rizzuti, 2021a; 2021b) oder zentralasiatische Zusammenschlüsse krimineller oder auch traditioneller Art (Ceccarelli, 2007; Collins, 2004). Wenn in Deutschland im Kontext des Themas ‚Clankriminalität‘ von ‚Clans‘ die Rede ist, werden damit nahezu ausschließlich Menschen bezeichnet, deren Herkunft dem arabisch-türkisch-nordafrikanischen Raum zugeschrieben wird und die insbesondere auf dem Weg über den Libanon im letzten Quartal des 20. Jahrhunderts nach Deutschland und Mittel-/Nordeuropa gekommen sind[16].

Befassung mit dem Begriff ‚Clankriminalität‘ in der Fachliteratur

Fachveröffentlichungen nehmen in der Regel auf die oben skizzierten polizeilichen Annäherungen an den Begriff der ‚Clankriminalität‘ Bezug.

---

[16] Zum ethnisierenden, stigmatisierenden und stereotypisierenden Potenzial des Terminus ‚Clan‘ siehe etwa auch die Interviews in der Arbeit von Boettner und Schweitzer (2020b).

Neben den „Zuordnungskriterien und Indikatoren für Clankriminalität i. Z. m. Organisierter Kriminalität" des Bundeskriminalamtes (vgl. etwa Dienstbühl, 2020a, S. 31) sind dies häufig die Begriffsbestimmungen des Landeskriminalamtes Nordrhein-Westfalen (vgl. Dienstbühl, 2020a, S. 31; Meißner, 2020, S. 25; Schmidt & Bannenberg, 2019, S. 340). Im Abschlussbericht zum KEEAS-Projekt (Landeskriminalamt Nordrhein-Westfalen, 2018) wird einerseits auf den bereits dargestellten Definitionsansatz des Landeskriminalamts verwiesen, andererseits finden sich begriffliche Umschreibungen und Benennungen von „Kriterien" (S. 7f.), deren Stellenwert ebenso unbestimmt bleibt wie andernorts der von „Indikatoren". Es ist davon die Rede, dass ‚Clankriminalität' sich „durch die Verantwortlichkeit von Mitgliedern ethnisch abgeschotteter Familienstrukturen" auszeichne, die „unter Missachtung staatlicher Strukturen, der Rechtsordnung und des gesellschaftlichen Werteverständnisses eine eigene, streng hierarchische, delinquente Subkultur" bildeten (S. 7). Als „wesentliche Kriterien" werden genannt, dass die Clanzugehörigkeit „ausschließlich über das Kriterium der Verwandtschaft" geregelt sei, Clans eine „segmentäre, hierarchisch (meist patriarchalische) geprägte Struktur" aufwiesen, die wiederum „nach dem Prinzip der gemeinsamen Abstammung organisiert" sei, die „deutsche Rechtsordnung" und die „Zusammenarbeit mit staatlichen Behörden und Institutionen" abgelehnt würden, es diesbezüglich zu „aktiver Behinderung und Einschüchterung" komme und kriminelles Handeln „als Zeichen von Stärke" eine „ideologische Legitimation" erfahre, Paralleljustizstrukturen aufgebaut würden, es einen „Zwangscharakter der Eheschließung innerhalb der eigenen Familie oder der eigenen Ethnie zur gemeinsamen Machtsteigerung" gebe sowie ein „nach außen dokumentiertes Macht- und Gewinnstreben, auch durch die Besetzung öffentlicher Räume" (Landeskriminalamt Nordrhein-Westfalen, 2018). Inwieweit nun diese Merkmale in ihrer Gesamtheit vorliegen müssen, damit von ‚Clankriminalität' gesprochen werden kann, ob es darunter hinreichende, notwendige und eher fakultative Charakteristika gibt und wie die Merkmale möglicherweise untereinander zu gewichten sind, bleibt offen.

Dienstbühl (2021, S. 27ff.) verzichtet in ihrer Monographie zur Clankriminalität auf eine eigene Definition und arbeitet sich dort ebenfalls an den Begriffsbestimmungen der Landeskriminalämter und des Bundeskriminalamts ab. Ohne weitere Belege führt sie zudem aus, dass der Begriff der Clankriminalität „nach kriminalistischem Verständnis vier Phänomene der OK" umfasse, nämlich „Clanfamilien Italienischer OK (IOK) – `Ndrangheta", „Clanfamilien aus Ost- und Südosteuropa – Westbalkan-Staaten", „Gruppierungen Russisch-Eurasischer OK (REOK)" und „Clanfamilien arabisch/türkischer Herkunft" (S. 27). Dies legt nahe, ‚Clankriminalität' als Teilmenge von ‚Organisierter Kriminalität' zu verstehen, wobei nur zwei der vier genannten „Phänomene“ (IOK, REOK) explizit auf Organisierte Kriminalität verweisen. Zudem fällt erneut auf, dass der hierzulande geführte Diskurs um ‚Clankriminalität‘ sich nahezu vollständig auf das letztgenannte „Phänomen“ („Clanfamilien arabisch/türkischer Herkunft“) konzentriert und begrenzt.

Heinrich (2020, S. 236) greift ebenfalls auf behördliche Verständnisse des Begriffs ‚Clankriminalität‘ zurück. Sie zitiert eine vermeintliche ‚Clankriminalitäts‘-Definition des niedersächsischen Justizministeriums („durch ethnische Zugehörigkeit geprägte Gruppierungen oder Familienstrukturen, welche sich durch ein hohes kriminelles Potenzial und häufig praktizierter, rechtsstaatlich problematischer Paralleljustiz (Einsetzen von Familienoberhäuptern, Clanältesten als ‚Schlichter‘, den staatlichen Strafverfolgungsanspruch konterkarierend) kennzeichnen“), welche tatsächlich einen Typus von Strukturen in einem Bereich der Organisierten Kriminalität beschreiben soll; darüber hinaus geht sie auch auf die oben zitierte begriffliche Annäherung im Rahmen des Analyseprojekts KEEAS ein. Beiden Ansätzen attestiert sie, dass sie „maßgeblich auf das Kriterium einer durch ethnische Homogenität gekennzeichneten delinquenten Minderheit“ abstellen, „die ihre eigenen Wertvorstellungen über hierarchisch organisierte Mitgliederstrukturen gegenüber der staatlichen Ordnung durchsetzen will“ (S. 236).

Seidensticker und Werner (2021) erörtern, dass bislang nicht hinreichend reflektiert worden sei, ob unter ‚Clankriminalität‘ „Kriminalität von Clans, für Clans oder im Kontext von Clans“ verstanden werden solle (S. 146). Die Fragen, ob ‚Clankriminalität‘ auch Straftaten von Angehörigen sogenannter Clans umfasse, die nicht für den Clan begangen werden und ob „die Familienzugehörigkeit des Tatverdächtigen … oder die Absicht und Zielrichtung der Tat“ entscheidend seien, bedürften der Klärung (Seidensticker & Werner, 2021, S. 146).

In einigen Arbeiten setzen die Verfasser:innen sich mit dem Terminus ‚Clankriminalität‘ nicht im Sinne der Suche nach einer Definition (oder der Übernahme einer andernorts geprägten Begriffsbestimmung) auseinander, sondern hinterfragen den Begriff und seine (insbesondere sicherheitsbehördliche) Verwendung kritisch. So führt Reinhardt (2020, S. 6ff.) aus, dass die Konzepte ‚Clan‘ und ‚Clankriminalität‘ eine Reihe von Konnotationen und Implikationen hervorrufen bzw. mit sich führen, welche die Autorin zu den Themenfeldern „Verwandtschaft, unauflösliche Verstrickung und ‚interne Probleme‘“, „fiktive Genealogie“, „Ethnisierung“, „Abschottung“, „Fremdartigkeit und Eigengesetzlichkeit“ und

„Primordialismus“[17]) zusammenfasst. Reinhardt sieht die Verwendung von ‚Clan‘ und ‚Clankriminalität‘ als polizeiliche Analysebegriffe angesichts negativer und stereotypisierender Konnotationen kritisch und wirft die Frage auf, „ob der Begriff der Organisierten Kriminalität hier nicht geeigneter“ sei[18] (Reinhardt, 2020, S. 10f.). Liebscher (2020) diskutiert in polizeilichen Dokumenten (Lagebilder, Begriffsbestimmungen) enthaltene Attribute von ‚Clankriminalität‘ im Hinblick darauf, inwieweit darin Merkmale „postrassischer Rassismen“[19] (S. 542) zum Ausdruck kommen. Sie sieht zum Beispiel in dem in verschiedenen Dokumenten[20] als Indikator zu findenden Merkmal einer „starken Ausrichtung auf die zumeist patriarchalisch-hierarchisch geprägte Familienstruktur“ einen „Ausweis rassistisch-klassistischer Zuschreibungen“ (Liebscher, 2020, S. 540). Nöding (2021) betrachtet das Konzept ‚Clankriminalität‘ als „diskriminierend“, da Kriminalität hierdurch ethnisiert werde. Die Justiz könne „bei der Bekämpfung entsprechender Straftaten nur dann Akzeptanz erfahren, wenn sie vorurteilsfrei vorgeht und jeglichen Eindruck von Kollektiv-schuldzuschreibungen und diesbezüglichen Strafverfolgungs- oder Strafzumessungserwägungen vermeidet“ (Nöding, 2021, S. 246). Verschiedentlich (so z. B. bei Brauer et al., 2020) wird die fehlende Klarheit und Einheitlichkeit polizeilicher Begriffe von ‚Clankriminalität‘ kritisch erwähnt, die einer breiten Anwendung des Terminus auf unterschiedlichste Kriminalitäts- und Devianzphänomene praktisch nicht entgegensteht.

---

[17] Weinreich, Bacova und Rougier (2003, S. 119) definieren Primordialismus als „a sentiment, or affect laden set of beliefs and discourses, about a perceived essential continuity from group ancestry to progeny ... and kin, located symbolically in a specific territory or place (which may or may not be the current place of the people concerned)”. Zentral ist die Überzeugung von der Stabilität grundlegender Attribute einer sozialen Gruppe über die Zeit und die Generationen hinweg.

[18] Wobei eine 1:1-Ersetzung von ‚Clankriminalität‘ durch ‚Organisierte Kriminalität‘ kaum zur Diskussion stehen dürfte, da beide Begriffe zwar Schnittmengen haben, aber nicht ineinander überführbar sind oder einander ersetzen könnten. ‚Organisierte Kriminalität‘ umfasst viele Deliktsbereiche, die nicht mit ‚Clans‘ im aktuellen polizeilichen Sinne assoziiert sind, und ‚Clankriminalität‘ geht nach allen polizeilichen Verständnissen (auch dem des Bundeskriminalamts, das in seinen Lagebildern eben nur organisierte Formen in den Blick nimmt) weit über den Phänomenbereich Organisierter Kriminalität hinaus.

[19] Den Begriff übernimmt Liebscher von Balibar (1990) und erläutert ihn dahingehend, dass Post-Rassismen „keine rassische Hierarchie im Sinne von Über- und Unterordnung mehr“ propagierten, sondern „die Unvereinbarkeit von Lebensweisen und Traditionen“ behaupteten (Liebscher, 2020, S. 539).

[20] So z. B. unter Bezugnahme auf die Kommission Organisierte Kriminalität (KOK) auch in einer Antwort der Bundesregierung auf eine Kleine Anfrage (Deutscher Bundestag, 2020, S. 2).

Ausführungen zur Phänomenologie von ‚Clankriminalität' in polizeilichen Lagebilddarstellungen

Auch zur Phänomenologie von ‚Clankriminalität' wird zunächst auf einschlägige polizeiliche Lagebildveröffentlichungen Bezug genommen, bevor die Darstellung zu entsprechenden Ausführungen (und in Teilen auch empirischen Befunden) in der Fachliteratur übergeht. Im jährlichen Bundeslagebild Organisierte Kriminalität des Bundeskriminalamts wird erstmals für das Jahr 2018 die „Kriminalität von Mitgliedern ethnisch abgeschotteter Subkulturen" als „sog. Clankriminalität" (Bundeskriminalamt, 2019, S. 4) und als eine „aktuelle Erscheinungsform" (S. 28) organisierter Kriminalität thematisiert. Der Ausrichtung des Lagebilds entsprechend, beschränken die Ausführungen sich auf unter den Begriff der Organisierten Kriminalität subsumierte Formen von ‚Clankriminalität'. Für die Jahre 2018 und 2019 verzeichnen die BKA-Lagebilder bundesweit je 45 Verfahren, „die der Clankriminalität zugeordnet werden konnten" (Bundeskriminalamt, 2020, S. 31); 2020 sank die Anzahl der Verfahren auf 41. Phänomenologisch stehen jeweils Drogendelikte im Vordergrund, gefolgt von Eigentumsstraftaten. Weitere Bereiche, die mit sogenannter (organisierter) Clankriminalität in Verbindung gebracht werden, sind u. a. „Kriminalität i. Z. m. dem Nachtleben", „Kriminalität i. Z. m. dem Wirtschaftsleben", Schleusungskriminalität, Gewaltkriminalität und Geldwäsche (so z. B. Bundeskriminalamt, 2020, S.33). Die Lagebilder äußern sich jeweils auch zur „Herkunft" der einschlägigen OK-Gruppierungen. Spielt im Lagebild für das Jahr 2018 noch die „Herkunft aus Westbalkan-Staaten" (Bundeskriminalamt, 2019, S. 28) mit 8 von 45 Verfahren eine bedeutsame Rolle, konzentriert sich das Bild sodann auf den arabischen, türkischen und nordafrikanischen Raum. Für das Berichtsjahr 2019 wurde die Kategorie „Mhallamiye"[21] neu aufgenommen; 20 (2019) bzw. 26 (2020) Verfahren und damit 44 % bzw. 26 % aller Verfahren wurden den „Mhallamiye" zugeordnet.

Als geografische Schwerpunkte von ‚Clankriminalität' werden in den Lagebildern immer wieder die Bundesländer Nordrhein-Westfalen, Niedersachsen, Berlin und Bremen genannt. Aus dem Kreis dieser Länder stammen dann auch jene spezifischen Lagedarstellungen zu

[21] Der Begriff (auch u. a. in den Formen Mhallami, Mahalmi und Mhallamiyya gebräuchlich, auch Mardelli nach der Stadt bzw. Provinz Mardin im Süden der Türkei) bezeichnet eine arabischsprachige Volksgruppe, die bis in die ersten Jahrzehnte des 20. Jahrhunderts vor allem in der türkischen Provinz Mardin siedelte und von dort zum Teil in den Libanon migrierte. Nach Beginn des Bürgerkrieges im Libanon kamen viele Mhallamiye als Bürgerkriegsflüchtlinge nach Deutschland und in andere europäische Länder (vgl. dazu u. a. Ghadban, 2000; Kern, 2015).

„Clankriminalität", die bislang als eine Art polizeiliche Bestandsaufnahme auf Landesebene vorliegen.

Nordrhein-Westfalen hat zuerst 2019 für den Zeitraum 2016 bis 2018 ein Lagebild veröffentlicht, dem 2020/2021 zwei weitere für die Kalenderjahre 2019 und 2020 folgten. Charakteristisch für die Lagedarstellungen aus Nordrhein-Westfalen ist (wiederum) ein Fokus auf „türkisch-arabischstämmige Großfamilien mit Mhallamiye-Hintergrund" (Landeskriminalamt Nordrhein-Westfalen, 2019, S. 6) und eine Ausrichtung an als einschlägig definierten ‚Clannamen' (deren Zahl sich über die drei Berichte von 104 auf 112 erhöht). Die Polizei stelle fest, „dass Mitglieder türkisch-arabischstämmiger Großfamilien – teilweise in größeren Gruppenverbänden – durch aggressives Auftreten, Ordnungsstörungen und Straftaten die Bevölkerung einschüchtern und versuchen, bestimmte regionale Räume augenscheinlich für sich zu reklamieren. Einsatzkräfte berichten von einer offenen Feindseligkeit, einer hohen und unmittelbar geäußerten Aggressivität, Respektlosigkeit und Gewalteskalation, die das Ziel verfolgen, behördliche Maßnahmen zu beeinflussen oder zu unterbinden" (S. 6). Außerdem seien „Mitglieder türkisch-arabischstämmiger Großfamilien überproportional häufig aktiv in Straftaten involviert, insbesondere in allgemeine Gewalt- und Rohheitsdelikte und in Verstöße gegen das Betäubungsmittelgesetz" (Landeskriminalamt Nordrhein-Westfalen, 2019, S. 6). In den Lagebildern werden „polizeilich erfasste Straftaten ..., begangen von Tatverdächtigen mit einem von den Ermittlungsbehörden als relevant definierten Clannamen" abgebildet (Landeskriminalamt Nordrhein-Westfalen, 2020, S. 6)[22]. Für die drei Berichtszeiträume (2016-2018, 2019, 2020) ist von recht hohen Zahlen einschlägiger Straftaten (14.225, 6.104, 5.778) und Tatverdächtiger (6.449, 3.779, 3.826) die Rede. Die Tatverdächtigen waren jeweils zu etwa 80 % männlich, und in allen Betrachtungszeiträumen fielen ca. 5 % der Tatverdächtigen binnen eines Jahres mit mehr als vier Taten auf. Phänomenologische Schwerpunkte konstatieren die Lagebilder im Bereich der Rohheitsdelikte und der Straftaten gegen die persönliche Freiheit, bei Eigentums-, Vermögens- und Fälschungsdelikten, bei Verkehrsstraftaten und BtM-Kriminalität. In allen drei bislang vorliegenden Lagebildern aus Nordrhein-Westfalen wird auf Bezüge zwischen ‚Clankriminalität' und ‚Organisierter Kriminalität' hingewiesen; demzufolge waren in den Betrachtungszeiträumen jeweils 15

[22] Das Landeskriminalamt gibt den Hinweis, dass „um etwaige Stigmatisierungen zu vermeiden ... bei der Bewertung der hier vorgelegten ... Daten unbedingt zu berücksichtigen" sei, „dass nicht jede Person mit einem entsprechenden Clannamen zwangsläufig als Straftäter/-in zu qualifizieren ist" (Landeskriminalamt Nordrhein-Westfalen, 2021, S. 9). Die interpretatorischen Konsequenzen, die sich aus diesem zweifellos zutreffenden Hinweis ergeben sollen, bleiben jedoch offen.

bzw. 16 „Ermittlungsverfahren der OK ... von türkisch-arabischstämmigen Clanfamilien dominiert“ (Landeskriminalamt Nordrhein-Westfalen, 2021, S. 25). Die Schwerpunkte lagen im Bereich der organisiert begangenen Rauschgiftkriminalität; daneben waren Phänomene wie illegale Kfz-Verschiebungen oder organisierte Formen des Betrugs von Bedeutung. Zudem spricht das Landeskriminalamt von „verschiedenen (schein-)legalen oder illegalen Handlungsfeldern“, in denen „Clanfamilien“ aktiv seien; in diesem Zusammenhang werden u. a. „Gastronomie, Shisha-Bars“, „Glücksspiel-Szene, Wettbüros“, „Rapper-Szene“, „Rocker-Szene“, „Security-Dienstleistungen“, „Kampfsport-Szene“, „Sozialleistungsbetrug“, „Illegaler Geldtransfer durch Hawala-Banking“ und „Betrug und Wucher im Kontext des Betriebes von Schlüsseldiensten“ genannt (Landeskriminalamt Nordrhein-Westfalen, 2019, S. 17ff.). Darüber hinaus verweisen die nordrhein-westfälischen Lagebilder auf Paralleljustizstrukturen (sogenannte Friedensrichter:innen) sowie auf „Einschüchterungen durch Gewaltandrohungen sowie -anwendungen, die aussagebereite Zeugen oder Mittäter beeinflussen sollen, vor Gericht keine bzw. eine falsche Aussage zu tätigen“ (Landeskriminalamt Nordrhein-Westfalen, 2020, S. 23).

In Niedersachsen wurde 2020 zunächst ein Lagebild für das Jahr 2019 seitens des Landeskriminalamts veröffentlicht, 2021 sodann ein gemeinsames Lagebild von Polizei und Justiz. Auch hier wird eine „namensbasierte Recherche“ verwendet (Landeskriminalamt Niedersachsen, 2020, S. 6), zudem wird seit 2018 ein „Auswertemerker Clankriminalität“ eingesetzt. Die namensbasierte Recherche konzentriert sich (wiederum) auf die „vergleichsweise kleine Gruppe der Mhallamiye“ (Landeskriminalamt Niedersachsen, 2020, S. 6). Anhand des Auswertemerkers wurden für Niedersachsen für die Jahre 2019 und 2020 1.585 bzw. 1.951 einschlägige Straftaten ausgewiesen, darüber hinaus Ordnungswidrigkeiten und beträchtliche Zahlen „sonstiger Ereignisse“, bei denen „es sich sowohl um Sachverhalte“ handelt, „die ein polizeiliches Einschreiten unterhalb der Schwelle strafbarer Handlungen oder Ordnungswidrigkeiten erforderten, als auch um durchgeführte Kontrollmaßnahmen“ (Landeskriminalamt Niedersachsen, 2020, S. 7). Quantitativ dominieren bei den Straftaten Körperverletzungs-, Bedrohungs- und Beleidigungsdelikte einerseits sowie Verstöße gegen strafrechtliche Nebengesetze, insbesondere das BtmG, andererseits, ferner Eigentums-, Vermögens- und Fälschungsdelikte. Auch in Niedersachsen wird von „Verfahren gegen kriminelle Clanstrukturen“ berichtet, „die der Organisierten Kriminalität zuzurechnen sind“ (Landeskriminalamt Niedersachsen, 2020, S. 14); hier geht es u. a. um Betäubungsmittelkriminalität, Geldwäsche und gewerbsmäßigen Sozialleistungsbetrug. Zugleich hebt das Lagebild für das Jahr 2020 hervor, dass sich „die clankriminellen Aktivitäten in der Hauptsache nicht auf den Bereich der Organisierten Kriminalität oder Schwerstkriminalität beziehen“; es dominierten vielmehr „Deliktsbereiche …, die auf eine eher impulsive und spontane Tatbegehung hindeuten (Bedrohungen, Beleidigungen, Körperverletzungsdelikte)“ (Generalstaatsanwaltschaft Celle & Landeskriminalamt Niedersachsen, 2021, S. 8). Es werden auch rudimentäre Angaben zu Opfern von ‚Clankriminalität‘ gemacht. Soweit zu den Taten Opferdaten ausgewiesen wurden, waren die Betroffenen zu 70 % männlich und hatten überwiegend keine Vorbeziehung zu den Tatverdächtigen; allerdings ereigneten sich ca. 15 % der Taten „mit Opfern im häuslichen oder partnerschaftlichen Umfeld“ (Generalstaatsanwaltschaft Celle & Landeskriminalamt Niedersachsen, 2021, S. 13).

Das Berliner Lagebild für das Jahr 2020 (Der Polizeipräsident in Berlin, 2021) stellt auf Rechtsverstöße ab, die von „Angehörigen ethnisch abgeschotteter arabischstämmiger Strukturen (‚Clans‘)“ begangen werden und „von Ordnungswidrigkeiten über Allgemeinkriminalität bis hin zu Bandenkriminalität und OK“ reichen (S. 6). Für das Jahr 2020 seien „insgesamt 1013 Straftaten registriert“ worden, „die durch Personen begangen wurden, die der ‚Clankriminalität‘ zugerechnet werden“; dabei seien 291 Tatverdächtige (zu 95 % männlich) in Erscheinung getreten (S. 7). Deliktisch habe es sich vor allem (jeweils mindestens 100 Taten) um Verkehrsstraftaten, Verstöße gegen das Betäubungsmittel-, das Arzneimittel- und das Infektionsschutzgesetz, um Rohheitsdelikte sowie um Diebstahls-/Unterschlagungsdelikte gehandelt. In zehn Fällen habe der Verdacht der Geldwäsche bestanden. Außerdem berichtet das Lagebild von 192 festgestellten Ordnungswidrigkeiten, von denen nahezu die Hälfte auf Verstöße gegen das Infektionsschutzgesetz entfällt. Von den 291 Tatverdächtigen hätten 94 im Jahr 2020 fünf und mehr Straftaten begangen. Die Polizei Berlin verwendet sogenannte „ermittlungsunterstützende Hinweise“ (EHW); Ende des Jahres 2020 sei der Hinweis „Clankriminalität“ (CLAN) zu 316 Personen, der Hinweis „Clankriminalität- Umfeld“ (CLAN-Umfeld) zu 72 Personen gespeichert gewesen (S. 5). Im Lagebild ist ferner davon die Rede, dass kriminelle Clanangehörige „ihre Verbindungen zu speziellen Szenen wie Rockern, Türstehern, Sprechgesangskünstlern (Rappern) und Boxern sowie gewerbliche Aktivitäten, wie das Betreiben von Shisha-Bars, An- und Verkaufsgeschäften, Juweliergeschäften und Autovermietungen“ nutzten (S. 6). Besonders hingewiesen wird auf „innerhalb der arabischstämmigen Community bestehende parallelgesellschaftliche Strukturen, die sich bspw. regelmäßig durch den Einsatz von sogenannten ‚Parallelschlichtern‘ (auch als Friedensschlichter bezeichnet) zeigen“, die „Beeinflussung von Zeugen und Geschädigten durch Einschüchterung, Bedrohung oder finanzielle Vergleiche“ sowie

„konspiratives und ‚dreistes‘ Verhalten der Straftäter, wie das Ausspähen von Polizeiliegenschaften oder die Vernichtung und Entwendung von Beweismitteln“ (S. 6). Bezüglich der berichteten Fallzahlen weist das Berliner Lagebild vor allem mit Blick auf „Verkehrsstraftaten, Verstöße gegen das Betäubungsmittel-/ Arzneimittel- sowie das Infektionsschutzgesetz“ darauf hin, „dass es sich dabei um Kontrolldelikte handelt“ und „mit der Erhöhung des Verfolgungsdrucks auch eine Zunahme von Fallzahlen“ einhergehe (Der Polizeipräsident in Berlin, 2021, S. 6). Hier wird also mindestens das quantitative Erscheinungsbild von ‚Clankriminalität‘ nicht als etwas quasi naturhaft Gegebenes verstanden, sondern in den Kontext von öffentlicher bzw. behördlicher Aufmerksamkeit und Kontrollintensität gestellt.

Zusammenfassend lässt sich anhand der polizeilichen Lagebildveröffentlichungen feststellen:

- Von den Polizeien der Länder werden, soweit sie Lagebilder publizieren, derzeit auf Landesebene jährlich vierstellige Zahlen von Straftaten unter das Label ‚Clankriminalität‘ subsumiert.
- Registrierte ‚Clankriminalität‘ weist räumliche Schwerpunkte auf. Bislang gelten vor allem die Bundesländer Berlin, Bremen, Niedersachsen und Nordrhein-Westfalen (hier insbesondere das Ruhrgebiet) als von diesem Phänomenbereich tangiert.
- Bei den Straftaten handelt es sich offenbar quantitativ überwiegend um Delikte der Allgemeinkriminalität, sowohl aus dem Bereich der Straftaten gegen höchstpersönliche Rechtsgüter als auch aus dem der Eigentums- und Vermögensdelikte. Darüber hinaus spielen Drogendelikte eine Rolle, und teilweise werden auch Verkehrsverstöße unter ‚Clankriminalität‘ gefasst.
- ‚Clankriminalität‘ weist Bezüge zu Organisierter Kriminalität auf, ist jedoch keinesfalls dieser insgesamt zuzurechnen. Dies wird auch in den Lagebildern des Bundeskriminalamts angemerkt, die von ihrer Ausrichtung her (eben als Bestandsaufnahmen zu Organisierter Kriminalität) gewissermaßen nur die „OK-Komponente“ von ‚Clankriminalität‘ in den Blick nehmen können.
- Neben Allgemeinkriminalität und Organisierter Kriminalität werden vielfältige sonstige Problemverhaltensweisen in die Lagedarstellungen zu ‚Clankriminalität‘ aufgenommen. Hierzu gehören insbesondere
    - sogenannte „Tumultlagen“ und andere Formen eines aggressiven Beanspruchens des öffentlichen Raumes;

- legale oder semilegale Geschäftsstrukturen, die teils der logistischen Unterstützung, Verdeckung oder Sicherung des Ertrags der kriminellen Aktivitäten dienen;
- außerhalb gesetzlicher Verfahren bestehende informelle Strukturen der Konfliktregulation, die auch mit Zwang, Drohung und Gewalt gegenüber Insidern wie Outsidern operieren.

- In derartigen Beschreibungen und Quantifizierungen ist nur in Teilen eine inhaltliche Bestimmung dessen erkennbar, was ‚Clankriminalität' ausmacht. Prägend ist das Merkmal des Begehens von Straftaten durch Personen, die bestimmte als einschlägig definierte Familiennamen tragen bzw. bestimmten Großfamilien oder Ethnien zugerechnet werden. Als ‚Clankriminalität' können auch abweichende Verhaltensweisen von Menschen gefasst werden, die einer als ‚Clan' etikettierten Familie angehören (bzw. deren Namen tragen), ohne dass es sich dabei um im Familienverbund begangene oder auf diesen in irgendeiner Weise Bezug nehmende Taten handelt.
- Das kriminalstatistisch-operationale Verständnis von ‚Clankriminalität' bzw. ‚Clankriminellen' wird meist fokussiert oder gar begrenzt auf Täter:innen aus der Volksgruppe der Mhallamiye. Die skizzierten geografischen Schwerpunkte von ‚Clankriminalität' weisen insofern deutliche Überschneidungen mit den Siedlungszentren dieser Minorität in Deutschland auf.

Fachliteratur und empirische Befunde zur Phänomenologie von ‚Clankriminalität'

Jenseits polizeilicher Aufbereitungen von Daten (die selbstverständlich keine originären Forschungsdaten, sondern prozessproduzierte Daten sind[23]) findet sich wenig an empirischen Arbeiten zu ‚Clankriminalität' oder jedenfalls zu Facetten dieses Konzepts; es besteht ohne Zweifel insgesamt ein „Mangel an kriminologischer Literatur" und entsprechender empirischer Forschung (Zigmann, 2015, S. 759; vgl. auch Haverkamp, 2018, S. 130). Im Hinblick auf das bestehende Wissen merken Seidensticker und Werner (2021, S. 148) zudem an, dass „die wenigen verfügbaren Erkenntnisse gebetsmühlenartig wiederholt und keine neuen Erkenntnisse produziert" würden, was die Gefahr berge, „dass die Distanz und kritische Würdigung scheinbarer Fakten verloren geht und sich Spekulationen als gesicherte Erkenntnisse manifestieren".

[23] Siehe dazu z. B. Baur (2009), Bick und Müller (1984), Müller (1977), Salheiser (2014).

Mit dem Terminus ‚Clankriminalität' werden in der Literatur unterschiedliche Formen von Kriminalität bzw. Devianz in Verbindung gebracht, die sich weitestgehend mit dem Spektrum der in polizeilichen Lagebildern skizzierten Verhaltensweisen decken. Letzteres erscheint insofern kaum verwunderlich, als eine phänomenbezogene polizeiunabhängige Forschung zu ‚Clankriminalität' noch kaum existent ist und daher Erkenntnisse zum Erscheinungsbild vielfach Befunde aus der polizeilichen Praxis widerspiegeln.

‚Clankriminalität' und Allgemeinkriminalität: ‚Clankriminalität' und ‚kriminelle Clans' werden dementsprechend häufig (auch) mit Delikten der *Allgemeinkriminalität* assoziiert, u. a. mit „Diebstahl, Erpressung und Gewaltdelikten" (Ghadban, 2018a, S. 159; vgl. auch Heinrich, 2020). Bickel (2021) hebt – wiederum unter Bezugnahme auf polizeiliche Lagedarstellungen aus den Ländern – darauf ab, dass ‚Clankriminalität' bei weitem nicht nur Organisierte Kriminalität umfasse, dass vielmehr Rohheitsdelikte (Körperverletzungsdelikte, Raubstraftaten, Straftaten gegen die persönliche Freiheit) „eine überaus große Rolle spielen". Als dominierend kennzeichnet er ferner „Betrugs- und Eigentumsdelikte, Verkehrsstraftaten, aber auch Rauschgift- und Fälschungsdelikte"; des Weiteren fänden sich „Straftaten im Bereich Sexualdelikte und Verstöße gegen das Waffenrecht" (Bickel, 2021, S. 4).

‚Clankriminalität' und „spektakuläre und öffentlichkeitswirksame Straftaten": In medialen Darstellungen, aber auch in Fachveröffentlichungen, wird immer wieder auch auf einzelne sehr spektakuläre Taten Bezug genommen, die ‚Clanfamilien' zugerechnet werden. Wendt (2021a) nennt hier einen „spektakulären Überfall auf ein Pokerturnier ... im Grand Hyatt-Hotel am Potsdamer Platz in Berlin", einen „gewalttätigen Raubüberfall auf die Schmuckabteilung des KaDeWe in der Vorweihnachtszeit", den „Diebstahl einer seltenen 100-Kilogramm ‚Maple Leaf' Goldmünze im Wert von ca. 3,76 Millionen € aus dem Bode-Museum Berlin", einen „gewalttätigen Überfall auf einen Geldtransporter in Berlin-Mitte" sowie den „Einbruch in das ‚Grüne Gewölbe' in Dresden" (S. 195f.). Wendt (2021a, S. 196) attestiert den Tätern, bei derartigen Taten „nicht absolut professionell bzw. strategisch" zu agieren, was eine Interpretation als Fälle Organisierter Kriminalität zweifelhaft erscheinen lassen kann.

‚Clankriminalität' und Organisierte Kriminalität: Noch häufiger werden in der Fachliteratur Bezüge zwischen ‚Clankriminalität' und *Organisierter Kriminalität* angesprochen (z. B. Ghadban, 2018a, S. 158; Zigmann, 2015, S. 755). Oberloher (2021, S. 19) spricht von „organisierter Clankriminalität" als einer „Teilmenge der Organisierten Kriminalität", die sich als „strukturierte, professionelle Begehung von bedeutenden Straftaten

krimineller Clanangehöriger“ darstelle. In organisierter Form komme ‚Clankriminalität‘ etwa in Gestalt von „Prostitution und Rauschgifthandel“ (Ghadban, 2018a, S. 166; 2018b, S. 105; Haverkamp, 2018, S. 115; Heinrich, 2020; Henninger, 2002, S. 714), Geldwäsche[24] (Ghadban, 2018a, S. 169), Waffenhandel und Menschenschmuggel (Haverkamp, 2018, S. 125ff.) oder Korruption (Dienstbühl, 2018, S. 9) vor. Bannenberg (2020, S. 205) erwähnt „organisierte Eigentumskriminalität, Berufskriminalität und gewaltgeprägte Banden, Gangs und Subkulturen“. Duran (2020, S. 87) sieht Äußerungsformen organisierter ‚Clankriminalität‘ darin, dass Clans „teils noch minderjährige Flüchtlinge als Drogendealer“ rekrutieren oder selbst „überteuerte Notunterkünfte“ betreiben.[25]

Dogan und Lehnert (2019, S. 732) sprechen davon, dass die in Deutschland aktiven „Clans … im Vergleich zu italienischen, russischen oder tschetschenischen Gruppierungen“ durch ihre „offen gezeigte Verachtung des Rechtstaats“ sowie den „Versuch, demonstrativ eigene Regeln durchzusetzen“ besonders gefährlich seien. Rohe (2019a) argumentiert, dass kriminelle Clanmitglieder sich „bislang besonders hermetisch ... gegen andere Gruppen oder Personen“ (S. 4) abschotteten und sich hierin von anderen „OK-Strukturen“ unterschieden; erst neuerdings sei „der Einsatz von ‚Wasserträgern‘ auf der niedrigsten Hierarchiestufe zu beobachten, z. B. im Drogenkleinhandel auf der Straße“ (S. 5). Dienstbühl (2021, S. 72ff.) greift auf in einem BKA-Projekt der 1990er Jahre (Logistik der Organisierten Kriminalität – LOOK; vgl. Sieber & Bögel, 1995) entwickelte OK-Indikatoren (z. B. ein auf Dauer angelegter Zusammenschluss, Nutzen von Connections, konspiratives Verhalten, Beeinflussung von Zeug:innen) zurück. Sie kommt zu dem Ergebnis, dass „die wesentlichen Indikatoren des LOOK-Projektes auch auf das Phänomen Clankriminalität“ zutreffen. Zusammenfassend könne gesagt werden, „dass es sich bei Clankriminalität um eine Form von Organisierter Kriminalität durch patriarchalisch geprägte Familiensysteme mit einem ausgeprägten territorialen Eroberungsanspruch“ handele, „der durch Gewalt im öffentlichen Raum besondere öffentliche Aufmerksamkeit“ einfordere. ‚Clankriminalität‘ und die dabei handelnden Personen träten „mit spontaner Aggression und Gelegenheitskriminalität (z. B. Schwarzfahren, Ladendiebstahl, etc.)“ in Erscheinung, könnten aber

[24] Von verschiedenen Autor:innen wird in diesem Zusammenhang das in Deutschland unzulässige Hawāla-Banking erwähnt (vgl. Dienstbühl, 2020a, S. 32; allgemein hierzu auch Autolitano & Zoppei, 2016; Financial Action Task Force, 2013; Splittgerber, 2016; van de Bunt, 2008). Als weitere Form der Geldwäsche erwähnen Schmidt & Bannenberg (2019, S. 343) die Reinvestition von Gewinnen aus organisierter Kriminalität in Immobilen.

[25] Auch Haverkamp (2018, S. 130) sieht Geflüchtete als vulnerable Gruppe, die Gefahr läuft, Opfer von Menschenhandel und anderen kriminellen Aktivitäten der ‚Clans‘ zu werden.

auch „in einem komplexen Betrugssystem anteilig und planvoll involviert“ sein. Insofern seien „nicht alle Delikte als OK zu werten“ und Clankriminalität müsse „nach OK und nicht OK am jeweiligen Fall unterschieden werden“ (Dienstbühl, 2021, S. 77).

‚Clankriminalität‘ und politisch motivierte Kriminalität: Bislang eher selten ist in Fachveröffentlichungen[26] von Bezügen zwischen ‚Clankriminalität‘ und extremistischen Milieus bzw. politisch motivierter Kriminalität die Rede. Henninger (2002, S. 721) verweist auf antisemitische Gewalt sowie ein „Mobilisierungspotential für islamistische Gewaltexzesse“ respektive auf Bezüge zum internationalen islamistischen Terrorismus (Henninger, 2002, S. 725; siehe auch Haverkamp, 2018, S. 116). Bannenberg und Schmidt (2021) sprechen in Bezug auf – in diesem Fall – „tschetschenische Clanstrukturen“ von „gewaltbereiten, kriegserfahrenen und islamistischen Tätern“. Dienstbühl (2021, S. 81ff.) beschreibt das „Verhältnis der Clans ... zum islamistischen Extremismus“ als „komplex“ (S. 81). Sichtbar gewordene Bezüge könnten bislang „nicht als strukturell bezeichnet werden“ (S. 81) und seien auch hinsichtlich ihrer zugrundeliegenden Motive (insbesondere der Frage, ob Kooperationen ideologisch oder etwa geschäftlich motiviert seien) nicht eindeutig. An anderer Stelle weist Dienstbühl (2021, S. 45) darauf hin, dass auch innerhalb einzelner Großfamilien (bzw. von Gruppen, die denselben Nachnamen tragen) teils Verbindungen zu miteinander verfeindeten Bewegungen (insbesondere schiitischer und sunnitischer Prägung) beobachtet worden seien.

‚Clankriminalität‘ und sogenannte Tumultlagen: Wie bereits in den polizeilichen Lagebildern ist auch in Fachveröffentlichungen in Zusammenhang mit ‚Clans‘ von häufigen „*Tumultlagen*“ im öffentlichen Raum die Rede (vgl. etwa Bannenberg & Schmidt, 2020; Richter, 2021). Solche Lagen stellten sich einerseits als „größere Auseinandersetzungen zwischen Clanmitgliedern“ dar, die „häufig spontan stattfinden“ und hinsichtlich ihres Verlaufs „kaum oder gar nicht zu prognostizieren“ seien (Dienstbühl, 2020c, S. 211). Die Hintergründe solcher Auseinandersetzungen lägen „in verletzten Ehrgefühlen und häufig in geschäftlichen Interessenskonflikten“ (Dienstbühl, 2020c, S. 211; ähnlich Duran, 2020, S. 87). Rohe (2019a) spricht von einem ‚Geschäftsmodell‘, das darin bestehe, „durch gewaltbetontes und aggressiv-selbstbewusstes Imponiergehabe den öffentlichen Raum zu besetzen“ (S. 4). Darüber hinaus wird von „Tumultlagen“ auch in Bezug auf aggressives Verhalten von Gruppen (zumeist junger Männer) gegenüber Polizeikräften gesprochen (vgl. etwa Dienstbühl, 2021, S. 62). Bei polizeilichen Einsätzen komme es zu

[26] Wohl aber medial und in politischen Verlautbarungen, siehe etwa AfD-Fraktion im Deutschen Bundestag (2021), Dinger und Nabert (2021), Kraetzer (2021).

„Solidarisierungseffekten von unbeteiligten oder herbeigerufenen Personen, die die Adressaten der Polizei unterstützen und durch beeindruckende Personenmehrheiten versuchen, die polizeilichen Maßnahmen zu verhindern“ (S. 62).

‚Clankriminalität‘ und Ordnungswidrigkeiten: Heinrich (2020, S. 236ff.) verweist zudem darauf, dass „kriminelle Clans auch durch bestimmte Ordnungswidrigkeiten polizeilich in Erscheinung“ treten. Als clanspezifische Ordnungswidrigkeiten erwähnt sie „vor allem sogenannte Profilierungsfahrten“ „illegale Autorennen“[27], „ordnungsrechtliche Verstöße des Falschparkens“, den vielfachen Besitz von „Waffen und waffenähnlichen Gegenständen“, „Verstöße gegen die Gewerbeordnung und das Nichtraucherschutzgesetz“, wie etwa „zu hohe Kohlenmonoxidwerte sowie mangelnde Hygiene“ in Shisha-Bars.

‚Clankriminalität‘ und sogenannte Paralleljustiz: Darüber hinaus wird ‚Clankriminalität‘ häufig in Verbindung mit sogenannter Paralleljustiz gebracht (vgl. etwa Dienstbühl, 2020c; Duran, 2019a; 2019b; Meißner, 2020, S. 27; Rohe, 2019b, S. 5; Rohe & Jaraba, 2015, S. 39; Schmidt & Bannenberg, 2019, S. 341; siehe zu „islamischer Paralleljustiz“ auch Kaminski, 2011; Kaminski & Nolte, 2011; Schirrmacher, 2013; Wittreck, 2015; 2016). Es ist davon die Rede, dass ‚Clans‘ eine eigene informelle Form der ‚Rechtsprechung‘ aufbauen, dass dort „Selbstjustiz“ geübt werde (Duran, 2019a, S. 299) und dass im Extremfall Ehrenmorde und Blutrache als „kulturell geprägte Formen der Paralleljustiz“ (Rohe 2019b, S. 19) auftreten können. Die Nutzung informeller Wege der Konfliktbeilegung wird motivational auch mit der schwachen Integration und dem ungesicherten Aufenthaltsstatus von ‚Clanangehörigen‘ in Verbindung gebracht; so diene „die außergerichtliche Streitbeilegung auch dazu, Öffentlichkeit zu vermeiden und möglicherweise Abschiebungen zu verhindern“ (Landeskriminalamt Nordrhein-Westfalen, 2018, S. 21).

Zu diesem Bereich liegen – auch wenn die entsprechenden Arbeiten sich vielfach nicht exklusiv auf als ‚Clans‘ gelabelte Gruppen beziehen – einige empirische Studien vor. Etwaige Formen der Paralleljustiz werden – im Unterschied zu etablierten Formen außergerichtlicher Konfliktbeilegung (siehe hierzu programmatisch etwa Fisher & Ury, 1991) – vor allem deshalb als problematisch betrachtet, weil ihnen das Merkmal der Freiwilligkeit der Teilnahme auf Seiten der Beteiligten fehlt und Personen, die z. B. Opfer oder Zeug:innen schwerwiegender Gewaltvorkommnisse wurden, unter Druck gesetzt und ihnen staatliche Schutzmechanismen vorenthalten werden (vgl.

[27] Bei denen es sich inzwischen (Einführung des § 315d StGB im Jahr 2017) auch um Straftaten handeln kann.

Rohe, 2016, S. 25f.). Rohe und Jaraba (2015) und Rohe (2019b) haben empirische Studien zur Frage der Existenz, der Beschaffenheit, der Entstehungsbedingungen und Wirkungen von „Paralleljustiz" in Berlin und Baden-Württemberg durchgeführt.[28] Die Untersuchungen stützen sich vor allem auf Interviews, die sowohl in Milieus geführt wurden, in denen das Vorhandensein von „Paralleljustiz" für möglich gehalten wurde, als auch mit Expert:innen in unterschiedlichen Praxisfeldern (insbesondere Polizei und Justiz). Rohe und Jaraba (2015) kommen in ihrer auf 93 Interviews zurückgreifenden Berliner Studie zunächst zu dem Ergebnis, dass es dort keine institutionalisierten Formen von „Paralleljustiz" gebe. Soweit „belegbare Erscheinungsformen der Paralleljustiz in Berlin" zu konstatieren seien, beruhten diese zumeist „auf informellen Schlichtungs- und Entscheidungsmechanismen in (Groß-)Familien und Clans in gesellschaftlich segregierten Milieus" (S. 12). Die gelegentlich behauptete (oder befürchtete) Existenz von ‚Scharia-Gerichten' in Berlin sei nicht belegbar. Das „Kernproblem" der vorhandenen Erscheinungsformen von Paralleljustiz liege in der „Anwendung oder Androhung von Gewalt gegen Tatopfer, Konfliktbeteiligte oder Zeugen, oder in sonstiger Ausübung unzulässigen Drucks auf diese Personen"; dies diene der „Unterstützung krimineller Aktivitäten (Formen der OK)" oder gehe „auf kulturelle, vereinzelt auf religiöse Gründe" zurück. Betroffen seien typischerweise „Opfer häuslicher Gewalt, die daran gehindert werden sollen, staatliche Behörden zu informieren oder einzuschalten, sonstige Opfer krimineller Handlungen, die zur Wahrung des Familienzusammenhalts oder der ‚Familienehre' gezwungen werden, auf die rechtsförmige Durchsetzung ihrer Rechte und auf die Einschaltung von Strafverfolgungsbehörden zu verzichten, oder Zeugen in derartigen Fällen" (S. 14f.). In Teilen Berlins herrsche „insbesondere in bestimmten ethnisch-kulturell definierten Communities ein Klima der Angst, ausgelöst durch gewalttätige, von staatlichen Behörden nur noch unzureichend kontrollierte Clanmilieus" (S. 15). Diese Clans stützten sich „auf eine geschlossene Familienstruktur mit starken internen Loyalitäten" (S. 15). „Opfer und Zeugen von Straftaten" würden, so Rohe und Jaraba (2015, S. 16) „im Rahmen informeller, unter Zwang stattfindender Streitschlichtung zunächst oft mit Appellen an die ‚Familienehre' angesprochen, dann aber auch massiv eingeschüchtert und vom Kontakt mit staatlichen Behörden abgehalten" (S. 16). Jaraba (2016) kommt mit Blick auf Mḥallamī in Berlin zu dem Ergebnis, dass für dort bestehende Formen der außerjustiziellen Konfliktregelung die Religion keine bedeutsame Rolle spiele. „The unwritten customary regulations derive

[28] Jaraba (2019a; 2019b; 2020) hat sich darüber hinaus im Rahmen qualitativer ethnografischer Feldforschung mit zivilrechtlichen Parallelstrukturen insbesondere im Hinblick auf von Frauen initiierte Scheidungen befasst und dabei auch patriarchale Clanstrukturen in den Blick genommen.

their legitimacy, authority, power, morality and acceptance essentially through a traditional Mḥallamī ideology and cultural understanding" (Jaraba, 2016, S. 237). Er sieht ähnliche Formen von „Paralleljustiz" auch an anderen Orten und nennt namentlich Bremen, Essen, Hildesheim, Lüneburg und Dortmund, also wiederum Städte in den Bundesländern Bremen, Niedersachsen und Nordrhein-Westfalen. Auf Seiten der staatlichen Instanzen nimmt Jaraba (2016) das Fehlen einer längerfristigen Strategie und insgesamt ein Versagen im Umgang mit Phänomenen paralleler Justizstrukturen wahr (S. 237). Jenseits der unmittelbaren Thematik von Paralleljustizstrukturen berichtet Rohe (2019b, S. 15) in Bezug auf Berlin, dass dort „nach Aussagen von rechtstreuen Mitgliedern" in die Studie einbezogener familiärer Verbünde „bei weitem nicht alle, aber … doch ‚viele' andere Mitglieder solcher Clans in kriminelle Aktivitäten wie Menschenschmuggel, Waffen- und Drogenhandel, illegale Prostitution, Erpressung u.s.w. verstrickt" seien. Die Begehung spektakulärer Taten solle „offenbar auch der Demonstration sozialer Macht dienen … und damit auch potentiellen ‚Nachwuchs' beeindrucken". In Bezug auf Baden-Württemberg kommt Rohe (2019b, S. 41) zunächst zu dem Ergebnis, dass dort „keine Strukturen kurdisch/arabischer Clankriminalität" bestehen, „wie sie insbesondere in Berlin, Bremen, Niedersachsen und Nordrhein-Westfalen bekannt geworden sind" (S. 41). Gelegentlich komme es zu Massenschlägereien im Kontext von Streitigkeiten zwischen Clanangehörigen und in der Folge zu informellen Versuchen der Konfliktbeilegung. „Die Familien schalteten daraufhin einen Schlichter ein, der eine Versöhnung erreichen konnte. Im Ermittlungsverfahren zeigten sich bei den Beteiligten zuvor nicht erkennbare Erinnerungslücken, in Verbindung mit dem Hinweis ‚es ist doch schon alles geklärt'" (S. 41). Rohe (2019b) berichtet auch von Fällen des Menschenhandels in Zusammenhang mit Minderjährigenheiraten (S. 46) und von den Schwierigkeiten einer staatlichen Kontrolle und Einflussnahme hierauf. In Baden-Württemberg betreffe „der vergleichsweise größte Teil berichteter Fälle von Paralleljustiz ... das Rockermilieu bzw. rockerähnliche Gruppierungen" (S. 39). Rohe weist darauf hin, dass dabei „neben alteingesessenen und gemischten Organisationen auch ethnisch-kulturell strukturierte Gruppen in Erscheinung getreten sind" und nennt u. a. die (rivalisierenden) türkischen und kurdischen Vereinigungen Osmanen Germania und Bahoz (S. 39). Neben Berlin und Baden-Württemberg sind auch in Nordrhein-Westfalen Studien zu außergerichtlichen Formen der Konfliktregulierung im Gange; Arbeiten von Elliesie und Heller (2020), Elliesie, Foblets, Sadyrbek und Jaraba (2019) und Rigoni (2021) nehmen hierauf Bezug.

‚Clankriminalität' und Bezüge zu sonstigen Szenen und Milieus: Das Projekt KEEAS (‚Kriminalitäts- und Einsatzbrennpunkte geprägt durch ethnisch

abgeschottete Subkulturen'), das u. a. die Ziele verfolgte, die „Kriminalitäts- und Einsatzbelastung, verursacht durch Angehörige türkisch-arabischstämmiger Familienverbände“ zu untersuchen und „Handlungsempfehlungen für die polizeiliche Aufgabenwahrnehmung an phänomenbezogenen Kriminalitäts- und Einsatzbrennpunkten“ zu generieren (Landeskriminalamt Nordrhein-Westfalen, 2018, S. 6; siehe zu dem Projekt u. a. auch Dienstbühl, 2018; Schmidt & Bannenberg, 2019, S. 341; Schwarz, 2019, S. 97f.; Wendt 2021b), hat auf einer phänomenologischen Ebene auf Berührungspunkte und Überschneidungen zwischen ‚Clanfamilien' und anderen ‚Szenen' und Milieus hingewiesen (Landeskriminalamt Nordrhein-Westfalen, 2018, S. 18ff.). Dies betrifft u. a. die *Rockerszene* (personelle Überschneidungen zwischen einschlägigen Gruppierungen und Angehörigen von ‚Clans'), das *„Rapper-Milieu“* (milieutypische Kommunikationsstile ansprechend für Clanmitglieder), die *„Boxer-Szene“* (beschrieben als „ethnisch weitgehend geschlossenes Milieu“, in dem u. a. „kriminelle Handlungen besprochen werden“ und ein „Podium für die Zurschaustellung von Hierarchien und Einflusssphären“ existiert; es werden Zusammenhänge zwischen der Boxerszene und „Personengeflechten“ gesehen, „die der OK zugeordnet werden müssen“, Landeskriminalamt Nordrhein-Westfalen, 2018, S. 19), die *„Shisha-Bar-Szene“* (diese stelle eine „Kommunikations- und Rückzugsebene für kriminelle Clanmitglieder“ dar; die Bars seien „Teil einer sich entwickelnden Jugendkultur, aber auch Treffpunkte subkultureller und krimineller Strukturen“ und fungierten als „Ausgangspunkt für logistische, soziale und informationelle Kontakte“) sowie die „Car-Poser-Szene“ und die „Raser-Szene“ (Präsentieren leistungsstarker Luxusfahrzeuge im öffentlichen Raum auch durch Angehörige von ‚Clans'; Demonstrieren von Macht und erlangtem Wohlstand).

Räumliche/sozialräumliche Verbreitung und Verteilung von ‚Clan-kriminalität': Zur Frage der räumlichen Verbreitung und Verteilung von ‚Clankriminalität' finden sich in der Fachliteratur einige Hinweise, die wiederum stark auf polizeiliche Erkenntnisse rekurrieren. So wird neben Berlin (vgl. Dienstbühl, 2020a, S. 32; Henninger 2002; Schmidt & Bannenberg, 2019, S. 341) mit ‚Clankriminalität' verknüpfte Devianz vor allem auch in Bremen (vgl. Dienstbühl, 2020a, S. 32; Duran 2020, S. 86; Schmidt & Bannenberg, 2019, S. 341), Niedersachsen (vgl. Duran 2020, S. 86; Schmidt & Bannenberg, 2019, S. 341) sowie Nordrhein-Westfalen (insbesondere dem Ruhrgebiet; vgl. Dienstbühl, 2020a, S. 32; Schmidt & Bannenberg, 2019, S. 341) identifiziert, darüber hinaus in Europa vor allem in Schweden und Dänemark (Schmidt & Bannenberg, 2019, S. 341). In Bezug auf Nordrhein-Westfalen spricht der KEEAS-Projektbericht davon, dass „günstiger Wohnraum sowie familiärer Nachzug“ dazu geführt hätten,

„dass sich in den vergangenen 30 Jahren insbesondere im Ruhrgebiet große Familienverbände konzentriert haben“ (Landeskriminalamt Nordrhein-Westfalen, 2018, S. 16). Hervorgehoben werden die Städte Bochum, Dortmund, Duisburg, Essen, Gelsenkirchen und Recklinghausen, ferner einige hieran angrenzende Landkreise. Lokal bzw. regional günstige Mieten sowie die vorangegangene Ansiedlung von „Familien gleicher Ethnie“ (S. 16) gelten als zentrale Faktoren für die Standortwahl. Zudem werden bestimmte soziale Räume und Milieus mit dem Phänomen sogenannter Clankriminalität in Verbindung gebracht, wie etwa „Shisha-Bars“ (Dienstbühl, 2020c, S. 212; Schmidt & Bannenberg, 2019, S. 341), die „Türsteher-Szene“ (vgl. Henninger & Susebach, 2005) sowie „Spielhallen“ (Dogan & Lehnert, 2019, S. 732), bestimmte „Gastro-Betriebe, Discotheken, Bars und Eventlocations“ (Dienstbühl, 2020c, S. 212).

Verbreitung von Kriminalität in ‚Clans‘: In einigen Publikationen wird die Frage angesprochen, wie verbreitet Kriminalität unter den Mitgliedern von Familien bzw. Großfamilien ist, die als Clans gelabelt werden. Dabei wird übereinstimmend hervorgehoben, dass es an der Realität vorbeigehe, Familienmitgliedern qua Zugehörigkeit kriminelles Handeln zuzuschreiben. Feltes und Rauls (2020, S. 2) gehen davon aus, „dass deutlich weniger als 10 % der Mitglieder entsprechender Großfamilien tatsächlich von der Polizei als tatverdächtig registriert werden“. Jaraba (2021, S. 7) vertritt die Sichtweise, dass die „Mehrheit der Familienangehörigen ... weder kriminell“ ist, noch Taten krimineller Familienmitglieder „unterstützt oder verschleiert“. Es habe sich „ein kleiner Teil der Großfamilien der Kriminalität zugewandt“ und trete zum Teil durch spektakuläre Taten in Erscheinung. „Kriminelle Einstellungen“ seien nur für eine kleinere Gruppe charakteristisch; diese Minderheit ziehe „jedoch immer wieder die Aufmerksamkeit der Medien und des Staates auf sich“. So entstehe eine „deutliche Diskrepanz zwischen tatsächlich straffällig gewordenen Angehörigen der Großfamilien und der medialen sowie polizeilichen Reaktion und Einordnung“ (S. 7). Jaraba (2021) berichtet auch, dass Kriminalität von Großfamilienmitgliedern aus dem Kreis der Familien heraus scharf kritisiert werde; meist bleibe diese Kritik bislang allerdings intern. Zugleich wollten Mitglieder von Großfamilien häufig nicht mit Strafverfolgungsbehörden kooperieren; es sei zu einem „Vertrauensverlust in die Polizei und den deutschen Staat“ gekommen und man nehme Polizei und Justiz als „voreingenommen“ wahr (Jaraba, 2021, S. 8). Es sei „unter den Großfamilien das Gefühl weit verbreitet, von staatlichen Institutionen und den Medien in Deutschland strukturell diskriminiert zu werden. Viele Angehörige der Großfamilien, die sich nichts zu Schulden kommen lassen, fühlen sich ungerecht behandelt, da man sie den Preis für das Fehlverhalten eines kleinen Personenkreises innerhalb der Familien bezahlen lässt.

Insbesondere durch die namenbasierte polizeiliche Praxis und die Verbreitung entsprechender Namen in den Medien erfahren Angehörige der betroffenen Familien bei der Suche nach einem Ausbildungsplatz, Arbeit oder einer Wohnung extreme Nachteile“ (Jaraba, 2021, S. 12). Rohe (2019a, S. 3) weist darauf hin, dass bereits vom Begriff her Angehörige eines ‚Clans‘ (hier gefasst als „Familienclan“) im Unterschied zu den Mitgliedern einer ‚Bande‘ nicht per se und durchgängig kriminell seien.

Erkenntnisse zu Tätern/Tatverdächtigen: In der Literatur berichtete quantitative Befunde zu Tätern und Tatverdächtigen im Bereich der ‚Clankriminalität‘ beruhen in der Regel auf polizeilich-kriminalstatistischen Daten (vgl. etwa Dienstbühl, 2021; 2020a). Zusammengefasst lässt sich schließen, dass Tatverdächtige im Bereich der ‚Clankriminalität‘ – insofern in der Tendenz dem Gesamtbild der Kriminalität entsprechend – ganz überwiegend männlich sind, wenngleich sich in einzelnen polizeilichen Datenbeständen Anteile weiblicher Tatverdächtiger von immerhin rund 20 % finden (Dienstbühl, 2021, S. 60). Unter den registrierten Tatverdächtigen konzentriert sich ein großer Teil der Straftaten auf eine eher kleine Gruppe von Wiederholungstätern; für Nordrhein-Westfalen und für die Jahre 2016 bis 2018 nennt Dienstbühl (2021, S. 60) eine Gruppe von ca. 6 % Mehrfachtatverdächtigen (fünf und mehr Registrierungen pro Jahr), auf die rund ein Drittel aller Straftaten entfielen. Auch diese Konzentration eines großen Teils der Gesamtkriminalität auf eine eher kleine Gruppe entspricht weit verbreiteten kriminologischen Befunden, wie sie in dieser Art bereits seit der Studie von Wolfgang, Figlio und Sellin (1972) vorliegen. Der Anteil der Männer unter den Mehrfachtatverdächtigen ist zudem regelmäßig noch einmal höher als unter den Tatverdächtigen insgesamt. Mit Blick auf Staatsangehörigkeit und Herkunft von Tatverdächtigen im Bereich der ‚Clankriminalität‘ (und auch hier greift die Fachliteratur im Wesentlichen auf polizeiliche Lagebilddaten zurück) dominieren in der Regel deutsche Staatsbürgerschaften; darüber hinaus kommen Tatverdächtige vor allem aus dem Libanon, der Türkei und Syrien. Duran (2021) spricht neuerdings von einem „Verdrängungswettbewerb um kriminelle Märkte durch neue Clans“ und nennt dabei nigerianische und irakische Gruppierungen (S. 204). In der Berliner Studie von Hausam et al. (2020) zu jungen männlichen Intensivtätern im Jugendstrafvollzug und in der Sozialtherapie wurden Täter aus dem Bereich der ‚Clankriminalität‘ insofern mit untersucht, als bei Gefangenen mit OK-Bezug dieser „überwiegend (wenn auch nicht ausschließlich) in der ... arabischstämmigen Clankriminalität zu verorten“ war (S. 81). Für die Gruppe der OK-affinen Täter wurden „mehr sanktionswürdige Fehlverhaltensweisen und Behandlungsabbrüche sowie weniger Lockerungszulassungen“ und ein erhöhtes Rückfallrisiko nach Haftentlassung für nichtgewalttätige Vorkommnisse berichtet (S. 81).

Zudem werfen Hausam et al. (2020, S. 81) die Frage auf, inwieweit bekannte Risikofaktoren (kriminelles Familienumfeld, delinquente Peers, kriminogene Kognitionen und Normorientierungen) bei Tätern aus dem Bereich von ‚Clans' „in Anbetracht der sozialisationsbedingten familiären Einflüsse ... prinzipiell zu adressieren und veränderbar sind" bzw. ob Maßnahmen hier nicht „eher im Entlassumfeld ansetzen müssten" (S. 81). Eine „potenzielle (Nicht-)Erreichbarkeit von jungen Tätern aus Clanfamilien durch therapeutische Maßnahmen" wird von den Verfasser:innen erwogen.

Kriminalpolitische Bedeutsamkeit von ‚Clankriminalität': Mit Blick auf die Frage der kriminalpolitischen Bedeutsamkeit von ‚Clankriminalität' ist – von polizeilicher Seite wie auch in Veröffentlichungen (z. B. Bickel, 2021; Gräber & Horten, 2021, S. 394; Rohde, Dienstbühl & Labryga, 2019c. S. 279f.) – neben mit ‚Clankriminalität' assoziierten Schäden und einer wahrgenommenen ‚Verhöhnung des Rechtsstaats' – immer wieder davon die Rede, dass ‚Clankriminalität' das Sicherheitsempfinden der Bevölkerung beeinträchtige. Belege für diese These fehlen weitgehend. Bisweilen wird auf eine bevölkerungsrepräsentative Allensbach-Umfrage von Anfang des Jahres 2020 („Sicherheitsreport 2020") Bezug genommen, in der 78 % der Befragten (Bevölkerung ab 16 Jahre) auf einen Vorhalt hin („Es ist ja manchmal von sogenannter Clankriminalität in Deutschland zu hören oder zu lesen. Damit sind kriminelle Großfamilien gemeint, die häufig aus dem arabischen Raum kommen.") angaben, dass „Clankriminalität" aus ihrer Sicht „ein großes Problem" darstelle; 67 % waren der Ansicht, dass „der Staat ... da zu wenig" unternehme (Institut für Demoskopie Allensbach, 2020, S. 5f.). Derartige Fragen, in denen aktuell im Fokus stehende Themen vorgegeben und auf ihre wahrgenommene Bedeutsamkeit hin abgefragt werden, sind generell kritisch zu sehen. Der Vorhalt hat einen gewissen suggestiven Charakter. Zudem lassen sich Kriminalitätsfurcht und gestörtes Sicherheitsempfinden auf diese Weise nicht messen, allenfalls so etwas wie eine Bedeutsamkeitszuweisung an ein vorgegebenes Problem sowie das „Empörungspotenzial" einer Thematik.

Befunde zu ‚Clankriminalität' aus dem europäischen Ausland

Der vorliegende Literaturreview nimmt auch englischsprachige und auf das Ausland bezogene Literatur zu Problemen der ‚Clankriminalität' in den Blick. In deutschen Veröffentlichungen wird wiederholt (siehe exemplarisch Landeskriminalamt Nordrhein-Westfalen, 2018, S. 17) auf die Länder Schweden und Dänemark hingewiesen, in denen sich – vor dem Hintergrund ähnlicher Zuwanderungsdynamiken seit den 1970er Jahren – ebenfalls ‚Clanfamilien' in beträchtlicher Zahl angesiedelt hätten. Die in englischer

Sprache vorliegende identifizierbare Fachliteratur hierzu ist jedoch recht begrenzt.

Schweden: In Bezug auf Schweden finden sich mediale Veröffentlichungen und einige Publikationen aus dem akademischen Kontext. In einem Pressebericht (Neuding, 2020) wird der stellvertretende Chef der schwedischen Polizei dahingehend zitiert, dass es in Schweden mindestens 40 familiäre kriminelle Netzwerke gebe, die von ihm als „Clans“ bezeichnet werden. Diese Netzwerke bestünden aus Personen, die zum Zwecke der systematischen Begehung von Straftaten nach Schweden zugewandert seien. In dem Bericht ist davon die Rede, dass das Herstellen von Bezügen zwischen Migration und Kriminalität in Schweden politisch umstritten sei. Die ‚Clanfamilien‘ werden – recht ähnlich wie im deutschen Kontext – wiederum als ‚abgeschottet‘ („stay in their own circles“) charakterisiert und mit parallelen Regelungssystemen („set up parallel systems of government that challenge the Swedish state“) in Verbindung gebracht.

Lundberg (2020, S. 5) sieht in Schweden eine mangelnde Bereitschaft, Probleme in Zusammenhang mit Clans wahrzunehmen und zu diskutieren (und führt dies auf Werteverschiebungen in der schwedischen Gesellschaft in Richtung Multikulturalismus und postkoloniale Kritik zurück). Er kontrastiert Clans und Staat und führt aus, dass in Clans der Wert einer Person hauptsächlich auf den familiären Beziehungen basiere und nicht auf ihren individuellen Verdiensten und Leistungen. Der Status des Einzelnen beruhe auf dem Status der Familie, der wiederum von der Wahrung des Ehrenkodex abhänge. „This becomes clear not least in honor-related crime, which stems from the clan culture's collective nature being upheld by the concept of honor as a collective phenomenon. Among clans, the individual guilt is of far less importance than the collective shame. Honor plays a considerably greater role of importance than the individual act as such" (S. 6). Lundberg verweist darauf, dass Clans ihren Mitgliedern Angebote machen können, die moderne Staaten nicht ohne Weiteres bieten können; dazu gehören Gemeinschaftlichkeit, die Einbindung in einen historischen Kontext und Formen der Wertschätzung, die nicht Leistung voraussetzen, sondern bereits mit der Gruppenzugehörigkeit einhergehen.

Jenseits solcher allgemeiner Ausführungen ist in Bezug auf Schweden von Formen familienbasierter Kriminalität die Rede, die vor allem in einigen Gemeinden im Großraum Stockholm beobachtet und mit Geflüchteten aus der Türkei, Syrien, dem Libanon und dem Irak in Verbindung gebracht werden, bei denen es sich vielfach um Angehörige christlicher Minoritäten handelt (zur Lebenssituation dieser Gruppen siehe Gaunt, 2010, S. 6, der sie als „Sweden's probably most segregated immigrant community“ bezeichnet; vgl. auch Ulloa, 2016). Rostami et al. (2018) sowie Tops und van der Wal

(2018) sprechen von der „Syriac Mafia in Södertälje and Botkyrka“ (Rostami et al., 2018, S. 7) bzw. der „Syrian mafia” in diesen beiden Gemeinden südwestlich von Stockholm (Tops & van der Wal, 2018, S. 25)[29]. Den Beschreibungen zufolge handelt es sich um Gruppierungen, die auf familiären Bindungen und geteilten ethnischen und religiösen Identitäten fußen. Tops und van der Wal (2018) sprechen von „family-based groups“ (S. 25), die unter anderem durch illegales Glücksspiel, Erpressung und Gewaltdelikte in Erscheinung treten. Die Familien ließen sich eher als Clans denn als Großfamilien beschreiben, so Tops und van der Wal. Der geteilte ethnische und religiöse Hintergrund sei eine Voraussetzung für die Mitgliedschaft. Rostami (2016, S.67) weist darauf hin, dass Zeremonien und Riten in Clans Bedeutung für Aufrechterhaltung und Kontrolle von Loyalität zur Gruppe zukomme. Ebenfalls mit Blick auf die erwähnten Vorstädte von Stockholm führen Gunnarson und Rostami (2019, S. 41) aus, dass sich dort seit Beginn der 1980er Jahre rasch und ohne lokale historische Vorbilder mafiaartige Strukturen (eben die der „Syriac Mafia“) herausgebildet hätten. ‚Clanstrukturen’ werden auch für die Stadt Borås östlich von Göteborg beschrieben (Sanandaji, 2020); hier geht es allerdings primär um Menschen mit somalischer Herkunft und vor allem um Prozesse gesellschaftlicher Segregation sowie des Aufbaus rechtlicher Parallelstrukturen, weniger auch um Kriminalität. Ähnlich setzen sich auch Skinnari, Marklund, Nilsson, Stjärnqvist und Vesterhav (2018) mit benachteiligten Sozialräumen auseinander und beschreiben als typisch, dass sich dort soziale Probleme und kriminogene Faktoren konzentrierten, der öffentliche Raum in auffälliger Weise von (jüngeren) Männern dominiert werde und sich parallele gesellschaftliche Strukturen entwickelten.

Vesterhav und Korsell (2016) beschreiben auf der Basis von Interviews im polizeilichen Bereich wiederum für Schweden Formen organisierter Kriminalität durch „family-based groups“ (S. 8). Diese Familien werden durch ein hohes Gewaltpotenzial charakterisiert; dabei gehe es vielfach um die Wahrung oder Wiederherstellung der Ehre und des Ansehens der sozialen Gruppe und es könnten auch eher banale Konflikte zu schwerer Gewalt führen (S. 12). Für gefährliche Aufgaben rekrutierten die „family-based groups“ teils Personen, die nicht unmittelbar der Familie angehören. Die Interviewten äußerten sich auch dahingehend, dass die fraglichen Familienverbünde sich alternative Rechts- und Konfliktbeilegungssysteme geschaffen und so eine schwer erreichbare und einsehbare Parallelgesellschaft geschaffen hätten. Adamson (2020, S. 12) spricht – ohne Bezug zu einer konkreten Gemeinde – davon, dass Kriminalität unter Migrant:innen in Schweden insofern unterschätzt werden könnte, dass Opfer und

[29] Die Versionen „Syriac“ und „Syrian“ existieren offenbar nebeneinander als Selbstbeschreibungen der erwähnten Minoritäten.

Zeug:innen aus Furcht vor Repressalien oftmals schwiegen und Taten sich „within clan structures out of sight of the legal system" ereigneten. Auch hier schwingt also – wie im deutschen Diskurs – das Thema der Abschottung und möglicher außerjustizieller Strukturen mit.

Dänemark: Trotz der wiederholt zu findenden Hinweise auf eine ‚Clanproblematik' in Dänemark, konnten einschlägige englischsprachige Veröffentlichungen nicht identifiziert werden. Es fand sich ein Hinweis, dass bei einer Tagung in Budapest im Jahre 2021[30] von einer ungarischen Wissenschaftlerin ein Vortrag zu „Clans in Denmark" gehalten wurde. Einem Medienbericht im Internet[31] ist wiederum zu entnehmen, dass in diesem Vortrag u. a. ausgeführt wurde, dass in Dänemark rund 75.000 Migrant:innen ‚in Parallelgesellschaften' lebten, dass Zwangsheirat häufig vorkomme und dass in Dänemark ein politischer Konsens hinsichtlich der Notwendigkeit eines entschiedenen Vorgehens des Staates gegen ‚Clankriminalität' herrsche. ‚Ghettos', in denen ‚Clankriminalität' entstehe, müssten beseitigt werden, da sie sich dem Zugriff des modernen Staates entzögen und in ihnen die ‚Clanstrukturen' fortbestünden. Jenseits derartiger Berichte lassen sich im dänischen Kontext Publikationen zu Integrationsproblemen, Ghettobildung und staatlicher Integrationspolitik identifizieren (z. B. Seemann, 2021; Talalaeva & Pronina, 2020). Bei Talalaeva und Pronina (2020) finden sich Hinweise darauf, dass (von nicht-westlichen Zugewanderten bewohnte) „Ghettos" auch mit Sicherheitsproblemen (Kriminalität) und sozialer Abschottung assoziiert werden. Daneben gibt es Ausführungen zu Phänomenen von „honor-based violence" in segregierten ethnischen Communities in Dänemark (z. B. Bredal, 2014; Molter, 2020).

Spanien: Cano Paños (2021a; 2021b) gibt in einer zweiteiligen Arbeit, gestützt auf Auswertungen von Medienberichten und anderen öffentlich zugänglichen Materialien sowie von zwei Interviews mit Polizist:innen, einen Überblick zu „Familienclans in Spanien". Über die Mitglieder dieser in zwei Regionen Südspaniens, nämlich im Campo de Gibraltar[32] und in der Stadt Granada, ansässigen „Familienclans" heißt es, dass sie „in den meisten Fällen Roma" seien (Cano Paños, 2021b, S. 480). Darüber hinaus zeigen sich viele Parallelen zur deutschen Diskussion um ‚Clankriminalität', auf die von

[30] Tagung „I and my brother against our cousin" – the Challenges of Clan-based Communities in Europe; siehe https://www.migraciokutato.hu/en/event/i-and-my-brother-against-our-cousin-the-challenges-of-clan-based-communities-in-europe-2/

[31] https://rmx.news/article/how-does-europe-tackle-the-growing-challenge-of-african-and-middle-eastern-immigrant-clans/

[32] Eine Verwaltungseinheit in der Provinz Cádiz, die u. a. die Stadt Algeciras und die Punta de Tarifa, den südlichsten Punkt des europäischen Festlandes, einschließt und unmittelbar an der Straße von Gibraltar gelegen ist.

Cano Paños auch Bezug genommen wird. Es handele sich bei den ‚Familienclans' „im Wesentlichen um undurchsichtige, durch familiäre, ethnische oder nationale Bindungen verbundene Gruppen" (Cano Paños, 2021a, S. 395). Die patriarchal geprägte Familie übe für die Individuen eine Schutzfunktion aus; als kennzeichnend erwähnt Cano Paños (2021a, S. 395) „die Endogamie" sowie das Vorhandensein von „Normen, Werten und Bräuchen", die „in nicht wenigen Fällen" jenen entgegenstünden, welche „für den Rest der spanischen Gesellschaft gelten". Die kriminellen Aktivitäten der ‚Familienclans' seien um den Drogenhandel, teils auch um den Anbau zentriert (die geographische Nähe Südspaniens zum für die Cannabisproduktion zentralen Nachbarn Marokko spielt hierbei eine Rolle); hinzu kommen Geldwäscheaktivitäten sowie die Beeinflussung von Opfern und Zeug:innen durch Druck und Zwang. Der Autor verweist auf Unterschiede zwischen den (auch von der spanischen Polizei so bezeichneten) ‚Familienclans' und „traditionellen kriminellen Gruppen und Organisationen" (Cano Paños, 2021a, S. 395) und erwähnt in diesem Zusammenhang u. a. einen eher geringen Einsatz von Gewalt auf Seiten der ‚Familienclans' (die zudem meist nach innen bzw. gegen rivalisierende Gruppierungen gerichtet sei, kaum gegen die Polizei) sowie Techniken der Geldwäsche, die von den ‚Clans' im Vergleich zu traditionellen OK-Gruppierungen in „einfacher und daher weniger raffinierter Weise" umgesetzt würden (Cano Paños, 2021a, S. 395). Unter direkter Bezugnahme auf Deutschland erwähnt der Autor, dass es für Angehörige der ‚Familienclans' üblich sei, „in der Öffentlichkeit mit ihrem Reichtum zu prahlen, obwohl sie offiziell Sozialhilfeempfänger" seien (2021a, S. 396). Die ‚Familienclans' seien „isolierter und undurchsichtiger als jede andere kriminelle Vereinigung" (Cano Paños, 2021b, S. 476), weshalb z. B. der Einsatz verdeckter Ermittler:innen hier praktisch unmöglich sei.

Ohne spezifische geografische Verortung führen Hulme, Disley und Blondes (2021, S. 20) mit Blick auf Menschenhandelsdelikte und unter Bezugnahme auf einen Bericht der Europäischen Kommission (European Commission, 2020) aus, dass familiäre Bindungen bei den Organisationsformen des Menschenhandels eine Rolle spielen. „Small or medium sized OCGs[33] are often family- or clan-based and engage in sub-regional trafficking". Ein Bericht von Europol (2021) zum Gebrauch von Gewalt durch Organised Crime Groups erwähnt, ohne dies näher zu spezifizieren oder räumlich zuzuordnen, dass Gewalt auch im Rahmen von Fehden zwischen Gruppierungen der organisierten Kriminalität auftreten könne, es dabei um Rache für frühere gewaltsame Übergriffe gehe und in solchen Fällen

[33] Organised Crime Groups.

typischerweise Familien oder Clans die handelnden sozialen Einheiten seien (S. 5).

Kurzes Zwischenfazit zum Literaturstand zur Phänomenologie von ‚Clankriminalität'

Den Stand der Literatur im Hinblick auf die Frage resümierend, was bislang unter Phänomengesichtspunkten als „Clankriminalität" etikettiert und gerahmt wird, lässt sich zunächst feststellen, dass ‚Clankriminalität' ein nicht einheitlich definiertes, wenig scharf umrissenes und letztlich eine große Bandbreite an abweichenden Verhaltensweisen umfassendes Konzept ist. Als „handelnde Akteur:innen" von ‚Clankriminalität werden große familiäre Verbünde identifiziert, die Wurzeln vor allem im türkischen und arabischen Raum haben und in der zweiten Hälfte des 20. Jahrhunderts nach Europa migriert sind. ‚Clankriminalität' ist somit ein kulturell verankertes Konstrukt, und die Zuweisung kriminogener Tendenzen an bestimmte Gruppen (in Deutschland insbesondere an die der Mhallami[34]) prägt den sicherheitsbehördlichen Diskurs wie auch jenen in der Fachliteratur.

Es lässt sich zweitens feststellen, dass das dominierende Verständnis von ‚Clankriminalität' eine Vielzahl von Formen abweichenden und als problematisch erachteten Verhaltens umfasst. Hierzu gehören Delikte der Allgemeinkriminalität (wie Körperverletzungsdelikte, Diebstähle, Betrugsstraftaten oder Betäubungsmitteldelikte), die bestimmten großfamiliären Strukturen (typischerweise solchen mit einer Herkunft aus dem nahöstlichen Raum) teils kausal zugeschrieben, teils lediglich aufgrund der (angenommenen) Zugehörigkeit von Tatverdächtigen oder Täter:innen zu einschlägigen Großfamilien zugerechnet werden. Der Begriff umfasst ferner Erscheinungsformen organisierter Kriminalität in unterschiedlichen Bereichen (Drogenkriminalität, Menschenhandel, organisierte Betrugsdelikte etc.), die mit großfamiliären Strukturen assoziiert und als in diesen verankert gesehen werden. Darüber hinaus werden unter das Konzept Formen einer demonstrativen Präsenz im öffentlichen Raum und der Inbesitznahme des öffentlichen Raumes subsumiert, die nur teilweise auch mit strafbarem Handeln einhergehen (etwa bei manchen sogenannten „Tumultlagen"), zugleich in starkem Maße mit der angenommenen oder behaupteten Verunsicherung der Bevölkerung durch ‚Clans' und ‚Clankriminalität' in Verbindung gebracht werden. Unter ‚Clankriminalität' wird ferner das Unterhalten von Strukturen zur Stützung, Aufrechterhaltung und Abschirmung krimineller Aktivitäten gefasst, seien dies nun Betriebe, die auch zur Geldwäsche dienen, Shisha-Bars, in denen kriminelle

[34] Zur Volksgruppe der Mhallami vgl. u. a. Bozkurt (2020), Kawtharani & Meho (2005), Kern (2015), Özdemirci (2017).

Aktivitäten geplant und verbredet werden oder parallele Justizstrukturen bzw. Konfliktregulationsverfahren. Schließlich werden unter den Begriff ‚Clankriminalität' auch Formen von als kulturell verankert gedeuteter Gewalt gefasst, die sich insbesondere auch nach innen richten (häusliche Gewalt, Zwangsverheiratung, sogenannte Ehrenmorde und andere Gewalttaten zur Wiederherstellung oder Bewahrung verletzter oder bedrohter Familienehre).

Rohe (2019b) hat jenseits einer strafrechtlichen oder unmittelbar phänomenologischen Einordnung Ansätze zu einer Analyse des Konzepts ‚Paralleljustiz' in die Diskussion eingebracht, die zugleich für eine partielle Binnendifferenzierung von ‚Clankriminalität' herangezogen werden können. ‚Paralleljustiz' sieht Rohe (2019b, S. 18) als „Instrument zur Normen- und Entscheidungsdurchsetzung", das auf verschiedenen Formen von Straftaten bzw. Problemverhaltensweisen beruht. Hier nennt er zunächst „Straftaten zur Durchsetzung eines nicht rechtsstaatskompatiblen Sozial- oder ‚Rechts'normensystems oder zur Verhinderung der Durchsetzung des staatlichen Strafanspruchs" (S. 19); die Problematik bestehe darin, „dass in bestimmten Milieus soziale Normen als wichtiger angesehen werden als zwingendes geltendes Recht" (S. 27). Ausdrücklich genannt werden – auf der Basis von Interviews in Berlin – „Clanoberhäupter", die „voll Stolz auf ihr soziales Machtpotential verkündet" hätten, „dass sie die deutsche Staatsgewalt nicht akzeptieren" (Rohe, 2019b, S. 27). Die zweite Fallgruppe umreißt Rohe (2019b) mit der Formulierung „übermächtiger sozialer Druck und Misstrauen gegenüber staatlichen Institutionen" (S. 28); hier gehe es „z. B. um Fälle von Körperverletzungen zur Wahrung der ‚Ehre' (persönliche Ehre, Familien- und Clanehre) oder im Zusammenhang mit kriminellen Aktivitäten (Revierkämpfe, Sanktionen wegen ‚Fehlverhaltens'), häuslicher Gewalt sowie Zwangsheiraten" (S. 28). Die dritte Fallgruppe wird als „Straftaten oder andere rechtswidrige Aktionen zur Beherrschung des öffentlichen Raums" umschrieben (S. 31), die vierte und letzte als „Straftaten oder andere rechtswidrige Aktionen zur Verhinderung der Durchsetzung staatlicher Maßnahmen" (S. 35). An anderer Stelle hat Rohe (2019a) unmittelbar das Feld der ‚Clankriminalität' aufgeteilt in Formen der „schlichten Missachtung des geltenden Rechts in organisiertem Zusammenwirken" einerseits und andererseits darüber hinaus eine breite Palette von Konstellationen der „Befolgung von Sozialnormen/Gruppennormen im Widerspruch zum geltenden Recht" (S. 2). Diese Orientierung an Gruppennormen sei u. a. anzutreffen in „segregierten, kollektivistisch aufgebauten Migrantenmilieus mit patriarchalischen Grundstrukturen, exklusiven Binnenloyalitäten, formalen Ehrvorstellungen mit Bereitschaft zur gewaltsamen Durchsetzung und Schamkultur, teils auch in Gestalt der OK" (Rohe, 2019a, S.3). Bedeutsam erscheint hier vor allem der von Rohe hervorgehobene Aspekt einer Bezugnahme auf die Gruppe und auf Gruppen-, also Partialnormen (in Abgrenzung zu universellen Normen).

3.2 Befunde zur Genese, zu Entstehungs- und Aufrechterhaltungsbedingungen von ‚Clankriminalität'

Über die – wie die voranstehenden Ausführungen gezeigt haben – bereits schwierige und bislang kaum empirisch fundierte Beschreibung dessen, was ‚Clankriminalität' ist (oder sein soll) hinaus, finden sich in der Literatur auch Ausführungen, Überlegungen und Befunde zur Genese von ‚Clan-kriminalität'. Die erkennbare empirische Basis ist hier insgesamt nicht stark; häufig werden unter Bezugnahme auf anderweitig publizierte Arbeiten bzw. auch auf sicherheitsbehördliche Erkenntnisse sich wiederholende Argumente und Positionen ins Feld geführt.

Im Wesentlichen lassen sich hierbei drei Betrachtungslinien ausmachen:

(a) eine historisch-zeitgeschichtlich-diachrone Betrachtungsweise mit besonderem Fokus auf die Migrations- und Integrations- bzw. Nichtintegrationsgeschichte von ‚Clans' und deren Bezug zu den aktuell wahrgenommenen Problemlagen;

(b) eine synchrone, auf gegenwärtig (oder eben auch überdauernd) wirksame Faktoren ausgerichtete Betrachtung, aus der heraus insbesondere Bezüge zwischen Merkmalen von ‚Clans' und delinquentem Handeln hergestellt werden;

(c) eine konstruktivistische Betrachtungsweise, die ‚Clankriminalität' primär unter dem Aspekt der sozialen Konstruktion und von Zuschreibungsprozessen betrachtet, bei der die zentrale Fragerichtung also nicht die nach der Genese von ‚Clankriminalität', sondern die nach der Genese des Konstrukts ‚Clankriminalität' ist.

Insbesondere die beiden erstgenannten Perspektiven sind nicht als miteinander konkurrierende, sondern als einander mindestens potenziell ergänzende Ansätze zu verstehen. Steht in einem Fall die Flucht- und Integrationsgeschichte (bzw. auch die Geschichte des Scheiterns von Integration) im Vordergrund, im anderen Fall kulturell verankerte Strukturen, Normen und Handlungsmuster, so kann beides auch im Sinne der Bewahrung, Verstärkung oder Veränderung von Strukturen, Handlungsweisen, Werthaltungen etc. unter den Bedingungen von Flucht, Bedrohung, Segregation, Marginalisierung und Desintegration miteinander verknüpft werden.

Die diachrone Perspektive

Die diachrone Perspektive betrachtet und versteht ‚Clankriminalität' vor allem vor dem Hintergrund der Migrationsgeschichte der als ‚Clans' subsumierten Gruppen. Großfamilien, die mit dem Begriff „Clan" belegt werden, „blicken", so Jaraba (2021, S. 2), „auf eine lange Geschichte von Marginalisierung und Ausgrenzung zurück – sowohl in ihren Herkunfts- und Zufluchtsländern als auch in Deutschland". Jaraba (2021) stellt dar, dass die als „Clans" bezeichneten Großfamilien meist aus dem Südosten der Türkei stammten und von dort wegen schlechter Lebensverhältnisse und politischer Unterdrückung in den Libanon und teils nach Syrien migrierten. Ghadban (2018a, 2018b), dessen Blick auf die Volksgruppe der Mhallami fokussiert ist, spricht ebenfalls von Migrationsbewegungen aus der Türkei in den Libanon seit den 1920er Jahren und von nachfolgender Segregation und Marginalisierung (vgl. Ghadban, 2018a, S. 60; 2018b, S. 101; dazu auch Henninger, 2002, S. 716). Aufgrund einer unklaren kulturellen Identität und Abgrenzungen sowohl gegenüber kurdischen als auch arabischen Bevölkerungsgruppen habe bei den Mhallami der Fokus auf direkte verwandtschaftliche Beziehungen dominiert (Ghadban, 2018a, S. 72ff.).

Ausgrenzung und fragile Lebensverhältnisse setzten sich im Libanon fort und nach Beginn des libanesischen Bürgerkrieges im Jahr 1975 verließen viele Mitglieder von Großfamilien das Land und migrierten nach Europa, insbesondere nach Deutschland und Schweden. Die Geflüchteten, unter denen auch im Libanon lebende Palästinenser:innen waren, wurden in der Bundesrepublik in der Regel als Staatenlose registriert (Ghadban, 2018a, S. 81ff.; dazu auch Henninger, 2002, S. 717).

In Deutschland hätten sich, so Jaraba (2021, S. 4f.), die randständigen Lebensverhältnisse in Teilen perpetuiert (siehe auch Boettner & Schweitzer, 2020a, S. 350; Ghadban, 2000, S. 54ff.; 2005, S. 39). Als „staatenlos" oder mit „ungeklärter Staatsangehörigkeit" registrierte Mitglieder von Großfamilien seien nicht als asylberechtigt anerkannt, sondern lediglich „geduldet" worden, was sich in vielen Fällen als sogenannte Kettenduldung bis in die Gegenwart fortsetze[35] und Konsequenzen für viele Bereiche gesellschaftlicher Teilhabe habe. Insgesamt konstatiert Jaraba (2021, S. 5) für alle Phasen der Migrationsgeschichte der in Frage stehenden arabischen Großfamilien – d. h. für das Leben in der Türkei, im Libanon und in Deutschland – ein angespanntes Verhältnis zum Staat. Viele Mitglieder von

[35] Zur Problematik von Kettenduldungen siehe u. a. Bauer und Schreyer (2019), Heinhold (2007), Rietig und Günnewig (2020) und Wiefelspütz (2007). Volk (2016) spricht in diesem Zusammenhang von einem Zustand dauerhafter Einstweiligkeit (*permanent temporariness*), in dem sich hiervon betroffene Migrant:innen befinden.

Großfamilien hätten „das Gefühl", entwickelt, „die staatliche Politik ziele darauf ab, ihre kulturelle Identität aufzulösen, sie sozial auszugrenzen und ihre Familienstruktur zu zerstören. Sie fühlen sich kollektiv vom deutschen Staat ins Visier genommen, ohne Unterscheidung zwischen Schuldigen und Unschuldigen" (S. 5). Feindschaftliche Empfindungen gegenüber der staatlichen Autorität seien „heute bei einigen Angehörigen der Großfamilien tief verankert .... Einige nutzen diesen Zustand aus, um gegen den deutschen Staat zu hetzen, ein Narrativ der Unterdrückung zu proklamieren und kriminelles Verhalten zu rechtfertigen" (Jaraba, 2021, S. 5). Rohe (2019a, S. 3) nennt Diskriminierungs- und Ausgrenzungserfahrungen in den Herkunftsregionen als Faktoren, die „stark wirkende Sozialnormen geschaffen bzw. erhalten" hätten, „die den Clanzusammenhalt als ‚Überlebensstrategie' in einer strukturell feindlichen Umwelt begründen. Das Kollektivinteresse muss gewahrt werden, das Individualinteresse im Zweifel zurückstehen. In solchen Strukturen werden Menschen herangezogen, für welche die (Groß)Familie der einzige oder jedenfalls bei weitem der wichtigste soziale Bezugspunkt und Identitätsmarker ist".

Jaraba (2021, S. 6) geht davon aus, dass die heute in Deutschland lebenden Großfamilien mit der oben skizzierten Migrationsgeschichte ca. 35.000 bis 50.000 Personen umfassen. Hinsichtlich der historischen Ursprünge sowie des Selbstverständnisses als kurdisch oder arabisch herrsche zwischen wie innerhalb der Familien keine Einigkeit. Jaraba beschreibt für die zurückliegenden Jahrzehnte einen Prozess der Dezentralisierung und Enthierarchisierung von Großfamilien. Heute gebe es „nicht mehr ein einziges Familienoberhaupt, sondern verschiedene Oberhäupter und auch vollkommen unabhängige Familien, die sich nicht über das Konstrukt von Oberhäuptern definieren" (Jaraba, 2021, S. 6). Im Verlaufe der Zeit sei es zudem zu einem „Rückgang der Loyalität gegenüber der Großfamilie" gekommen. „Heute bestehen Loyalität und ein Zusammengehörigkeitsgefühl vor allem für die Kernfamilie" (S. 6). Die Großfamilie sei „mehr zu einem Symbol als zu einer tatsächlichen sozialen und familiären Gruppe" geworden (Jaraba, 2021, S. 6).

Ghadban (2018b) beschreibt – primär mit Bezug auf heute in Berlin lebende Mhallami – die Lebensverhältnisse im Libanon ebenfalls als defizitär und marginalisierend. Nach der Migration nach Deutschland seien die Mhallami mit einer gänzlich anders strukturierten Umwelt konfrontiert gewesen, einem demokratischen und rechtsstaatlichen System, das auch die Rechte und die Menschenwürde von Straftäter:innen respektiere und in dem die Familie bzw. Großfamilie nicht mehr vor allem Schutz- und Stabilisierungsfunktionen übernehmen musste, die ihr in einer repressiven, feindlichen Umgebung zugekommen waren. Ghadban (2018b, S. 104ff.)

entwirft dann das Bild einer Gemeinschaft, die angesichts staatlicher Zurückhaltung und ‚Milde' (die als Schwäche interpretiert worden sei) mannigfaltige Gelegenheiten zu kriminellem Handeln für sich entdeckt habe. „Clans view the entire German state as an open, lawless terrain in which they can launch their raids without being exposed to serious risks. Moral obstacles do not exist because they consider everything beyond their clan as enemy territory" (S. 104). Um ihre (kollektive kriminelle) Handlungsfähigkeit zu verbessern, hätten die Clans in Deutschland ihre Struktur zu festigen versucht. Dies komme zum Beispiel in verstärkter Endogamie und damit einhergehenden Zwangsheiraten und Verheiratungen Minderjähriger zum Ausdruck. [36] Zudem würde Verschwiegenheit über alles, was den Clan betrifft, mit hohem sozialem Druck forciert. Ghadban (2018b, S. 105) geht soweit, von einer grundsätzlich veränderten Rolle und Funktion von Clans in einer modernen westlichen Gesellschaft zu sprechen, in der der Familienverbund als Schutzgemeinschaft nicht mehr in der früheren Weise benötigt werde: „In a modern society like Germany, the role of the clan is shifting from defensive to offensive and aggressive. The protective function is superfluous because it is fulfilled by the state. This is why the forced cultivation of clan structures basically gives rise to the plundering of society". Es sei angemerkt, dass in den (neueren) Arbeiten Ghadbans, der ohne Zweifel einen wissenschaftlichen Hintergrund hat, die Methoden der Erkenntniserlangung kaum jemals transparent und nachvollziehbar gemacht werden. Sie wurden deshalb auch in Kapitel 2 nicht als (rare) Beispiele empirischer Arbeiten erwähnt.

Ein sich durch eine Reihe von Arbeiten ziehender Topos ist der einer nicht gelungenen Integration der seit den 1970er Jahren aus dem Libanon nach Deutschland Geflüchteten. So deutet Duran (2019a, S. 297ff.) ‚Clankriminalität' insbesondere als Resultat „gescheiterter Integration und deutscher Ausländerpolitik" in den 1980er und 1990er Jahren. Der deutsche Staat habe es nicht vermocht, vor dem Hintergrund des Bürgerkriegs im Libanon nach Deutschland Geflüchtete (Duran erwähnt Mhallamiye, Palästinenser:innen sowie schiitische und sunnitische libanesische Araber:innen) zu integrieren. Ebenso sei es riskant, aktuell oder in jüngerer Zeit nach Deutschland kommenden Migrant:innen sowie Geflüchteten keine Perspektive der Integration und Teilhabe zu bieten (Duran 2020, S. 88), da dies Marginalisierung, Segregation und die Herausbildung parallelgesellschaftlicher Strukturen verstärke. Auch Feltes und Rauls (2020, S. 374) vertreten die Sichtweise, dass durch eine unzureichende Integrationspolitik (in Bezug auf Bildung und Arbeitsleben, aber auch durch Kettenduldungen, die den Betroffenen „ein Gefühl der Unsicherheit und des

[36] Auch Rohde, Dienstbühl und Labryga (2019a) sprechen vom strategischen Einsatz der Endogamie zur Stärkung des sozialen Zusammenhalts.

Nicht-Willkommen-Seins vermittelt" hätten) „überhaupt erst die Grundlage für ‚Clankriminalität' geschaffen" worden sei (vgl. u. a. auch Rohde, Dienstbühl & Labryga, 2019c, S. 279; Zigmann, 2015).

Zusammenfassend lässt sich feststellen, dass in einer zeitgeschichtlich-diachronen Perspektive ‚Clankriminalität' primär mit Blick auf die Flucht-, Migrations- und Integrationsgeschichte der Mhallami und anderer Gruppen verstanden wird. Hierbei wird überwiegend die Sichtweise vertreten, dass ‚Clankriminalität' vor dem Hintergrund fortgesetzter Ausgrenzungs- und Diskriminierungserfahrungen gesehen werden kann, die in Deutschland vor allem in einem teils über Jahrzehnte ungesicherten Aufenthaltsstatus und in reduzierten Möglichkeiten der sozialen Teilhabe (insbesondere im Erwerbsleben) zum Ausdruck kommen. Diese unzureichenden Integrations- und unsicheren Bleibeperspektiven haben, so diese Lesart, auch in Verbindung mit einer starken räumlichen Konzentration der Mitglieder von ‚Clans' dazu beigetragen, dass die eigene Situation als ausgrenzend und diskriminierend erlebt wurde, ‚Clanangehörige' auf Distanz zum Staat gingen, sich stattdessen auf die Familie besannen und an ihr orientierten und aus dieser Grundkonstellation (erlebte Ausgrenzung, Diskriminierung und Deprivation plus Rückbesinnung auf die Familie als Ressource) auch zum Begehen von Straftaten übergingen. Eine andere Sichtweise wird insbesondere in den Arbeiten von Ghadban vertreten. Hier wird die Entstehung von ‚Clankriminalität' vor dem Hintergrund gesehen, dass nach der Flucht nach Deutschland die Großfamilien im demokratischen und rechtsstaatlichen System der Bundesrepublik ihre defensive Schutzfunktion nicht mehr in der Weise wahrnehmen mussten wie zuvor. Gleichzeitig hätten sich ihnen mannigfaltige Tatgelegenheiten geboten, die sich aus dem Reichtum der Aufnahmegesellschaft und einer als schwach wahrgenommenen formellen Sozialkontrolle ergeben hätten. Um das Kollektiv ‚Clan' möglichst handlungsfähig zu halten, hätten die Clans sich konsolidiert, was u. a. in einer gewachsenen Tendenz zur Endogamie zum Ausdruck gekommen sei.

Die synchrone Perspektive

Während die voranstehend dargestellten Perspektiven und Befunde ‚Clankriminalität' in den Kontext der Migrationsgeschichte von Minoritäten aus dem arabisch-türkischen Raum und der im Zuge der Migration gemachten Erfahrungen stellen, rücken andere Autor:innen aktuell wirksame Faktoren in den Mittelpunkt. Die beiden Sichtweisen können, wie erwähnt, einander insofern ergänzen, als die aktuell wirksamen Einflüsse in ihrer konkreten Ausgestaltung letztlich wiederum Ergebnisse historischer Prozesse sind.

Eine ‚Theorie der Clankriminalität' lässt sich den vorliegenden Arbeiten bislang nicht entnehmen. In der einschlägigen Fachliteratur werden Faktoren benannt, die mit der Entstehung und Aufrechterhaltung von ‚Clankriminalität' in Verbindung gebracht werden. Nachfolgend wird der Versuch unternommen, diese Faktoren zu gruppieren und dabei zugleich auf etwaige Diskrepanzen und Kontroversen hinzuweisen. Die Ansätze lassen – ohne dass dies in der Regel in der Literatur so aufgegriffen würde[37] – zum Teil allgemeine kriminologische oder kriminalsoziologische Theorieelemente anklingen. Dazu gehören insbesondere anomie- und subkulturtheoretische Ansätze.

Defizitäre Lebens- und Teilhabeperspektiven: Erfahrungen von Ausgrenzung und Diskriminierung spielten in der historisch-diachronen Betrachtung eine bedeutende Rolle als Hintergrundfaktor von ‚Clankriminalität' und werden auch mit Blick auf aktuell wirksame Faktoren in Betracht gezogen. Rohe (2019b, S. 71) führt aus, dass „fehlende Lebensperspektiven … in Berlin und andernorts nachweislich in erheblichem Umfang zum Entstehen der dortigen Strukturen von Clankriminalität und Paralleljustiz beigetragen" hätten. Er spricht dies im Kontext der Thematik des Zugangs zu Bildungs- und Arbeitsressourcen an und mahnt, auch für aktuelle Zuwanderungsprozesse hieraus Konsequenzen zu ziehen (siehe auch Rohe & Jaraba, 2015, S. 47). Eingeschränkte Perspektiven erwachsen u. a. aus in den 1980er Jahren eingeführten Beschäftigungsverboten für Asylsuchende, dem teils über Jahrzehnte instabilen Aufenthaltsstatus in der Bundesrepublik und Einschränkungen des verpflichtenden Schulbesuchs bei Kindern staatenloser Asylsuchender. Limitierte Möglichkeiten gesellschaftlicher Teilhabe werden dann in einem nächsten Schritt mit einer stärkeren Fokussierung auf die (Groß-)Familie und letztlich mit abweichendem Verhalten in Verbindung gebracht. Eine solche Perspektive weist deutliche Bezüge zur Anomietheorie in der Fassung von Merton (1938) auf. Diese besagt, dass aus Diskrepanzen zwischen gesellschaftlich geteilten Zielen (wie ökonomischer Wohlstand) und den zur Erreichung dieser Ziele verfügbaren Mitteln (z. B. einträgliche Erwerbsarbeit) anomischer Druck resultiert, der dazu führen kann, dass Individuen oder Gruppen zu innovativen, nicht legitimen Mitteln zur Zielerreichung greifen. Im vorliegenden Fall geht es primär um den kollektiven Umgang mit anomischem Druck, wobei die skizzierte Sichtweise zugleich annimmt, dass dieser Druck zu einer stärkeren Orientierung von Individuen auf das Kollektiv ‚Großfamilie' führt.

[37] In der Arbeit von Werner, Querbach und Seidensticker (2021) werden entsprechende theoretische Bezüge aufgezeigt.

Merkmalen von ‚Clanfamilien' als Hintergrundfaktoren von ‚Clankriminalität' wendet die Betrachtung sich im Folgenden zu.

Großfamiliäre Einstellungen, Werthaltungen und Partialnormen: In der Fachliteratur werden vielfach Positionen aufgegriffen, die in Teilen an den sicherheitsbehördlich geprägten Begriff der „ethnisch abgeschotteten *Subkulturen*" anknüpfen. ‚Clans' werden beschrieben als soziale Systeme mit eigenen Normen, die im Konfliktfall Priorität gegenüber den jeweiligen kodifizierten Rechtsnormen haben. So sieht Rohe (2019a) die Genese von ‚Clankriminalität' auch vor dem Hintergrund von Konflikten zwischen kodifiziertem Recht und „Sozialnormen, die einerseits als ‚gerecht' angesehen werden und die andererseits meist nicht selbstgewählt sind, sondern im Wege der Erziehung und durch starken inneren Loyalitätsdruck als so verbindlich angesehen werden, dass im Konfliktfall eher die geltende Rechtsnorm als die claninterne Sozialnorm gebrochen wird" (S. 4). Normen- und Wertesysteme im ‚Clankontext' sind um Konzepte von Ehre, Ehrverletzungen und des Erfordernisses der Wahrung bzw. Wiederherstellung von ‚Ehre' zentriert. Dabei handelt es sich um einen kollektiven Begriff von Ehre, wie er „vor allem in patriarchalischen Gesellschaften zu finden" ist (Levin, 2017, S. 10) und insofern auch mit Geschlechtern und ihnen zugewiesenen Rollen, Verpflichtungen und Statuspositionen verknüpft ist. Black (2011, S. 71) definiert Ehre als „a form of social status based on force" und fährt dann fort: „A display of disrespect challenges a man of honor to defend himself in an appropriate fashion, or lose his honor. And because honor is based on force, its defense requires force—violence". Cooney (2015) sieht zwei Grundmuster von Gewalt, die „honor cultures" kennzeichnen: Gewalt von Männern gegenüber anderen Männern zur Abwehr jeglicher Versuche der Abwertung der eigenen Person oder Gruppe und Gewalt von Männern gegenüber Frauen, deren Sexualität als familiales Gut wahrgenommen wird. Duran (2019b, S. 575) spricht von „Geschlechtsehre", der vor allem in „in islamischen Ländern" zentrale Bedeutung zukomme. Ehrverletzungen könnten Phänomene wie Ehrentötungen (dazu auch Levin, 2017; Oberwittler & Kasselt, 2011) und Zwangsverheiratungen zur Folge haben. Dienstbühl (2021, S. 55) sieht die „Durchsetzung tradierter Ehrvorstellungen" als einen Beweggrund, der aus Sicht der Handelnden „jedwede Gewalttaten" legitimiert und Gewaltanwendung somit neutralisiert. Zudem handle es sich hier nicht um eine individuelle Haltung, vielmehr sei „das zugrundeliegende und rechtfertigende Motiv der Ehrverteidigung im Kollektiv verankert und aus diesem legitimiert" (S. 55; siehe auch Dienstbühl, 2020d). Aus einer kriminologischen oder kriminalsoziologischen Perspektive lassen sich Bezüge zwischen einem solchen Ehrverständnis und dem Konzept der gewaltlegitimierenden Männlichkeitsnormen (z. B. Enzmann & Wetzels,

2003) herstellen, auch zu Andersons „Code of the street“, der ein Normsystem beschreibt, das um eine Vorstellung von „Respekt“ aufgebaut ist, der durch Demonstration von Macht und Stärke eingefordert wird (Anderson, 2000). Insgesamt unklar bzw. umstritten ist die Bedeutung der islamischen Religion für derartige um das Konzept der Ehre zentrierte großfamiliäre Normsysteme. Während Ghadban der Religion erhebliche Relevanz zuspricht, da der Islam unter anderem eine patriarchale „arabisch-islamische Familienstruktur“ bedinge (Ghadban, 2018a, S. 39), billigt Rohe (2019a) religiösen Normen und Einrichtungen „allenfalls eine untergeordnete Rolle“ zu, die darin bestehe, dass sie „die soziokulturellen Prägungen auch noch legitimieren“. Vielfach sei jedoch „das Gegenteil der Fall, wenn etwa muslimische Religionsvertreter die auch gegen islamische Prinzipien verstoßenden kriminellen Aktivitäten missbilligen“ (Rohe, 2019a, S. 5). Festzuhalten bleibt indes, dass großfamiliären Sozial- bzw. Gruppennormen, die vor allem auf einem kollektiven Ehrverständnis beruhen und im Konfliktfall Vorrang gegenüber (universellen) Rechtsnormen haben, Bedeutung als Hintergrundfaktor von ‚Clankriminalität‘ attestiert wird. Eine solche Sichtweise weist deutliche Parallelen zu kriminologischen Subkulturansätzen auf, wie sie u. a. von Cohen zuerst in den 1950er Jahren in Bezug auf jugendliche Banden formuliert wurden (vgl. Cohen, 1955; Cohen & Short, 1958; deutsch Cohen, 2016). Diese Perspektive postuliert, dass junge Unterschichtangehörige sich zu subkulturellen Gemeinschaften mit einem abweichenden Normen- und Werthaltungsgefüge zusammenschließen, weil sie den Erwartungen der Mehrheitsgesellschaft nicht entsprechen können und auf diese Weise zugleich ihr Bedürfnis nach Gemeinschaft befriedigen. Relativ zu Straßensubkulturen ist das ‚Zusammenfinden‘ von Personen im vorliegenden Falle in den familiären Bezügen bereits angelegt. Der Aspekt eines eigenen, aus einer randständigen Position erwachsenen Normsystems erscheint jedoch durchaus vergleichbar; ein Bezug zu Subkulturtheorien wird in der ‚Clanliteratur‘ wiederum selten hergestellt (siehe aber Werner, Querbach & Seidensticker, 2021, S. 4ff.).

Abgrenzung nach außen: Als Merkmal von ‚Clans‘ und zugleich als kriminogener Faktor wird in der Fachliteratur immer wieder ihre starke Abgrenzung nach außen (in polizeilicher Diktion in die Formulierung von der ‚*abgeschotteten* Subkultur‘ gefasst) hervorgehoben. ‚Clans‘ seien in sich geschlossene Systeme, aus denen nichts herausdringen soll. Entsprechend bestünden kaum Kontakte oder Vertrauen zu Behörden und Institutionen (Ghadban, 2016, S. 13; 2018b, S. 105). Der starke Zusammenhalt innerhalb der ‚Clanfamilien‘ verhindere die Zusammenarbeit von Familienmitgliedern mit Behörden (Zigmann, 2015, S. 758). Die geschlossenen Strukturen seien mit dem Versprechen verbunden, dass über den Clan Sicherheit für die Mitglieder hergestellt werde (Haverkamp, 2018, S. 121).

Interne Kontrolle, Konformitätsdruck, Repression und Aufbau von Parallelstrukturen: Das Pendant zur Abgrenzung gegenüber der ‚Außenwelt' ist ein starker interner Zusammenhalt in der Großfamilie, der jedoch in der Fachliteratur im Wesentlichen nicht (oder jedenfalls nicht nur) als solidarisches Miteinander beschrieben wird, sondern als ein System, das durch starke Kontrolle nach innen, Loyalitäts- und Konformitätsdruck, den Einsatz von Druck- und Zwangsmitteln sowie den Aufbau paralleler Ordnungsstrukturen und Regulationsmechanismen gekennzeichnet ist. Rohe (2019a) charakterisiert Großfamilien als „patriarchalisch strukturiert", „von starken formalen Ehrbegriffen bestimmt" und „oft Formen von Gewalterziehung pflegend" (S. 4). Verstöße gegen familiäre Normen würden vielfach mit Gewalt geahndet (Ghadban, 2018b). Rohe (2019b, S. 15) betrachtet „die den Familienclans zugrundeliegende patriarchalisch-hierarchische Struktur mit einer besonders starken, auf ökonomischen und soziokulturellen Gegebenheiten beruhenden Loyalitätsstruktur sowie Misstrauen gegenüber der Gesamtgesellschaft und ihren Institutionen" als „entscheidend" für das Zustandekommen von ‚Clankriminalität'. Ghadban sieht großfamiliale Strukturen als durch (oft mittels Zwang herbeigeführte) Endogamie gekennzeichnet[38] (Ghadban, 2016, S. 13; 2018a, S. 41). Oberloher (2021, S. 22) spricht von einem „Verharren in althergebrachten Traditionen" (und erwähnt hier wiederum die „endogame Heiratspraxis") und einer „auf den Familienverband ausgerichteten und einem gemeinsamen archaischen Ehr-, Norm- und Werteverständnis unterworfenen Integration der Familienmitglieder". ‚Clanfamilien' zeichneten sich durch patriarchale Strukturen und ein damit zusammenhängendes Ehrverständnis und ein autoritäres anti-rechtsstaatliches Rollenverständnis aus (vgl. etwa Dienstbühl, 2020a, S. 32; Haverkamp, 2018, S. 118). Ghadban (2016) hebt hervor, dass ‚Clans' sich von anderen Formen organisierter Kriminalität dadurch unterschieden, dass die Zugehörigkeit zur (kriminellen) Gruppierung sich exklusiv durch verwandtschaftliche Beziehungen definiere: „Der gesamte Clan tritt als OK auf. Das bedeutet zwar nicht, dass jedes Clan-Mitglied kriminell ist, aber alle sind zum Schweigen verpflichtet" (Ghadban, 2016, S. 13).[39] Zigmann (2015, S. 754) betont, dass „Familie und

[38] Seidensticker und Werner (2021, S. 139) weisen hingegen darauf hin, dass in ‚Clanfamilien' „nicht pauschal von einer vollständig endogamen Praxis ausgegangen werden" könne.

[39] Es ist davon auszugehen, dass Ghadban (2016) hier nicht auf das strafprozessual verankerte Zeugnisverweigerungsrecht Bezug nimmt, das Verlobten, Ehe- und Lebenspartner:innen und anderen mit einer oder einem Beschuldigten verwandten oder verschwägerten Personen zusteht, sondern familiale Loyalitäten anspricht, die gegebenenfalls auch durch Zwang und Drohung wirksam werden können.

kriminelle Organisation nicht gleichgesetzt werden können", dass aber „die kriminellen Netzwerke innerhalb der Familiennetzwerke eingebettet sind bzw. nicht losgelöst von diesen betrachtet werden können". Die Familie biete Schutz auch gegenüber strafrechtlicher Verfolgung und die „Hierarchie der kriminellen Familienmitglieder" orientiere sich an (hierarchischen) Strukturen in der Familie.

Zeichnen sich ‚Clanfamilien' nach dem in der Literatur überwiegend entworfenen Bild durch Abschottung gegenüber der Außenwelt (insbesondere ihren Institutionen) und Konformitäts- und Loyalitätsdruck nach innen aus, so wird in Zusammenhang damit beschrieben, dass es zur „Herausbildung parallelgesellschaftlicher Strukturen" (Oberloher, 2021, S. 22) kommt bzw. dass ‚Clans' sich zu „Parallelgesellschaften" organisieren (Bannenberg, 2020, S. 205; Dienstbühl, 2020b, S. 319). Formen der Konfliktregulation, die sich außerhalb des geltenden Rechts und seiner Institutionen bewegen, wurden oben bereits unter dem Begriff der „Paralleljustiz" angesprochen. Konflikte würden über sogenannte „Streitschlichter" respektive „Friedensrichter" (Duran, 2019b, S. 574; Nöding, 2021, S. 238) geregelt. Für die Inanspruchnahme informeller (oder „paralleler") Formen der Konfliktregulation können nach Rohe (2019b, S. 28ff.) unterschiedliche Motive ausschlaggebend sein. Dazu gehöre die Furcht vor ansonsten befürchteter Gewaltanwendung, die Sozialisation in einer „Schamkultur", die ein offenes und öffentliches Ansprechen von Fehlverhalten erschweren kann, die Angst vor sozialem Ausschluss aus der Community sowie „Unkenntnis von und Misstrauen gegenüber staatlichen Institutionen und Verständigungsprobleme" (S. 30); ferner seien „Diskriminierungserfahrungen bzw. das Empfinden, mit den eigenen Anliegen bei manchen Vertretern staatlicher Instanzen nicht ernstgenommen oder verstanden zu werden" (S. 31) von großer Bedeutung.

Zusammenfassend lässt sich feststellen, dass recht vielfältige Merkmale mit der Entstehung und Aufrechterhaltung von ‚Clankriminalität' in Verbindung gebracht werden. Mit Ausnahme des bereits in der zeitgeschichtlich-diachronen Perspektive hervorgetretenen Verweises auf Ausgrenzungs- und Diskriminierungserfahrungen und defizitäre Lebensbedingungen richtet sich der Blick dabei auf die Großfamilien, deren Merkmale und Binnenstrukturen, weniger auf das Umfeld und die Umwelt, in der die familiären Verbünde leben und handeln. ‚Clankriminalität' wird in Verbindung gebracht mit spezifischen Werthaltungen, Einstellungen und Normen in den als ‚Clans' etikettierten Großfamilien. Im Zentrum steht dabei ein kollektiv orientiertes Verständnis von Ehre, Ehrverletzungen sowie von Rechten und Verpflichtungen zur Wahrung von Ehre und zur Wiederherstellung verletzter Ehre. Damit einher geht der Befund, dass diese

Partialnormen (Gruppennormen) Vorrang gegenüber auch rechtlich kodifizierten Universalnormen haben. Als weiteres wesentliches Merkmal von ‚Clans' wird ihre Abgrenzung (oder „Abschottung") gegenüber der Außenwelt beschrieben. Dies erscheint verbunden mit einer starken Kontrolle nach innen, mit Konformitäts- und Loyalitätsdruck und mit dem Aufbau von Parallelstrukturen, die Konformität sicherstellen sollen, ohne dass staatliche Institutionen in Anspruch genommen werden. Die Kontrolle nach innen kommt u. a. in strengen Verschwiegenheitsgeboten zum Ausdruck; sie äußert sich in Zwang und Gewalt, die auch in Partnerschaft und Erziehung als Instrumente der Kontrolle und der Gewährleistung von Konformität eingesetzt werden. Hinsichtlich der Rolle der (islamischen) Religion als Hintergrundfaktor (insbesondere für die „kriminogenen Werthaltungen") besteht wiederum in der Literatur keine Einigkeit. Die in der Literatur vorzufindenden Erklärungsansätze weisen Bezüge und Parallelen zu kriminologischen Theorietraditionen auf, insbesondere zur Anomietheorie Mertonscher Prägung und zu Subkulturtheorien. Insgesamt ist anzumerken, dass in weitgehender Ermangelung empirischer Studien hier lediglich in der Literatur vertretene Sichtweisen dargestellt werden konnten sowie am Rande auf etwaige Kontroversen hingewiesen werden konnte.

Die konstruktivistische Perspektive

Aus dieser Perspektive, die bislang kaum geschlossen formuliert wird, ist die Grundfrage nicht die nach den ‚Ursachen' von ‚Clankriminalität', sondern nach den Prozessen in der Gesellschaft und ihren Institutionen (einschließlich der Medien), die zur Konstruktion eines Phänomens führen, das mit dem Begriff ‚Clankriminalität' belegt wird. Insofern liegen hier deutliche Bezüge zu Etikettierungsansätzen in der Kriminologie und Kriminalsoziologie vor, wie sie klassisch von Becker (1963) und Lemert (1951; 1967) formuliert wurden. Individuen, Gruppen oder auch Sozialräumen werden aus einer labelingtheoretischen Perspektive Eigenschaften zugeschrieben, die im weiteren Verlauf sowohl das Handeln der Etikettierten als auch das der Akteur:innen sozialer Kontrolle prägen.

Im Sinne einer solchen Perspektive spricht Liebscher (2020, S. 539) davon, dass sich in polizeilichen Darstellungen zu ‚Clankriminalität' „intersektionale rassistische und klassistische Zuschreibungen" fänden und (verbal) eine „genealogische Sippenhaft" vorgenommen werde, die „für rassistische Zuordnungen typisch" sei. Erwähnt sei in diesem Zusammenhang auch eine Arbeit von Karakayalı (2021), in der die Autorin den rechtsextremistischen Terroranschlag in Hanau im Februar 2020 mit einer „jahrelangen sicherheitspolitischen und medial reißerisch begleiteten Problematisierung von Shisha-Bars als Orten der organisierten ‚Clan'-

Kriminalität“ in Verbindung bringt und polizeilichen Begriffsannäherungen an ‚Clankriminalität‘ attestiert, sie bestünden „nahezu ausschließlich aus antimuslimischen Stereotypen“[40]. Seeliger (2020) betrachtet ‚Clankriminalität‘ als einen Gegenstand, auf den sich sozial konstruierte Empörung richtet, in der wiederum verschiedene gesellschaftliche Wissensbestände zum Ausdruck kommen. Dazu gehören – neben der Ablehnung organisierter Formen der Kriminalität als illegitim – rassistisch geprägte Vorstellungen über Menschen arabischer Herkunft sowie eine Furcht vor negativen kulturellen und ökonomischen Auswirkungen von Zuwanderung. Der Autor setzt sich insbesondere auch mit der medialen Konstruktion von ‚Clankriminalität‘ am Beispiel der Serie „4 Blocks“ auseinander und sieht dabei zwei konkurrierende Lesarten – zum einen eine kulturalistische Perspektive, in der Delinquenz von ‚Clans‘ auf kulturelle Prägungen von Zugewanderten zurückgeführt wird, Angehörige von Großfamilien sich der Integration verweigern und die Regeln der Mehrheitsgesellschaft nicht einhalten wollen oder können, zum anderen eine arbeitsmarktpolitische Perspektive, die den über Jahrzehnte hinweg prekären Aufenthaltsstatus palästinensischer und libanesischer Geflüchteter mit seinen eingeschränkten Rechten und Handlungsmöglichkeiten fokussiert, der die Familien von regulärer Erwerbstätigkeit und gelingender ökonomischer Integration abhielt.

Eine konstruktivistische Perspektive ist auch in zwei Texten von Brauer et al. (2020) bzw. Dangelmaier et al. (2021) erkennbar, die sich im Rahmen einer Studie zur polizeilichen Wahrnehmung und Konstruktion von Räumen und sozialen Gruppen als gefährlich und gefährdend auch mit dem Topos ‚Clankriminalität‘ auseinandersetzen. Clankriminalität werde, so Brauer et al. (2020) polizeilich als ein bedeutsames Sicherheitsproblem konstruiert, bei dem es auch um eine polizeiliche Verteidigung des öffentlichen Raums gehe. Ein zunächst schwer fassbar erscheinendes Problem ‚Clankriminalität‘ werde polizeilich dadurch handhabbar gemacht, dass kriminelle Strukturen mit bestimmten Räumen (etwa Stadtquartieren) assoziiert würden. Hierdurch würden u. a. spezifische polizeiliche Maßnahmen, die sich auf die mit ‚Clankriminalität‘ assoziierten Räume richteten, auch im Bewusstsein der handelnden Beamt:innen plausibilisiert und gerechtfertigt. „Über die Etikettierung kriminogener Orte im Kontext von Clankriminalität auf der Grundlage eines organisationsspezifischen Raumwissens der Polizei werden nicht bloß polizeiliche Handlungspraktiken, wie bspw. anlasslose Kontrollen, legitimiert, sondern auch Sichtweisen über Räume und Personen

[40] Karakayalı (2021) nimmt hierbei Bezug auf die Begriffselemente der ‚ethnisch abgeschotteten Subkulturen‘, der ‚eigenen Werteordnung‘, der ‚patriarchalisch-hierarchischen Familienstruktur‘ sowie der ‚mangelnden Integrationsbereitschaft mit Aspekten einer räumlichen Konzentration‘.

in diesen Räumen (re-)produziert. In der Konsequenz stellt die Polizei eine machtvolle Instanz dar, die den Diskurs nicht bloß adaptiert, sondern mitgestaltet und hierüber Kriminalitätsphänomene definiert" (Dangelmaier et al., 2021, S. 26).

In einem verwandten Sinne setzen sich Rinn und Wehrheim (2021a; 2021b) und Rinn und Wiese (2020) im Rahmen eines Forschungsprojekts zu „Aneignungskonflikten in mischungsorientierten Stadtentwicklungsprozessen" auch mit der polizeilich-publizistischen Konstruktion von „Problemvierteln" am Beispiel des Stadtteils Altendorf im Essener Norden auseinander. Die Autoren sprechen von „territorialer Stigmatisierung" durch Polizei und Medien; ‚Clans' seien „in den letzten Jahren ein zentraler Aufhänger medialer Berichterstattung … geworden" (Rinn & Wehrheim, 2021a, S. 4). Die Assoziation des Stadtteils mit ‚Clans' intensiviere den „ohnehin in polizeilichen Nulltoleranzstrategien angelegten Generalverdacht gegen als migrantisch gedeutete Personen" (Rinn & Wehrheim, 2021b, S. 260). So würden „Mitarbeiter*innen und Besucher*innen von Imbissen, Friseursalons, Shisha-Bars und anderen, alltäglich genutzten Einrichtungen im Stadtteil stereotyp als Teile organisierter Kriminalität" markiert, worin Rinn und Wehrheim (2021b, S. 260) „institutionellen Rassismus" sehen. Wesentlich für die polizeiliche Stigmatisierung und Behandlung des Stadtteils als „gefährliches Viertel" sei „die Konstruktion einer ‚gefährlichen ausländischen Bevölkerung' als Verunsicherungsfaktor, wobei rassifizierende und kriminalisierende Zuschreibungen in den letzten Jahren insbesondere die durch Unschärfen geprägte Figur der ‚Clans' hervorgebracht haben" (Rinn & Wiese, 2020, S. 28).

Zusammenfassend lässt sich feststellen, dass in den skizzierten Studien keine ätiologische Erklärung von ‚Clankriminalität' gesucht wird, dass die Arbeiten vielmehr Facetten der behördlichen und medialen Konstruktion eines sozialen Problems beschreiben, das mit dem Begriff (oder auch nur Namen) ‚Clankriminalität' belegt wird. Die Arbeiten sind disziplinär zum Teil in der Raumsoziologie bzw. der kritischen Kriminalgeographie[41] verankert und greifen insofern insbesondere die Thematik der Etikettierung und Stigmatisierung städtischer Räume als ‚gefährlich' auf. Die Gefahr eines rassistischen (bzw. antimuslimischen) Labelings im Zuge derartiger Konstruktionsprozesse wird hervorgehoben.

Da in den hier der konstruktivistischen Perspektive zugeordneten Arbeiten die sicherheitsbehördliche Kategorisierung von Personen, Gruppen, Räumen und Verhaltensweisen im Mittelpunkt steht, leiten diese Ausführungen

[41] Dazu z. B. Belina (2006), Pütz, Glasze und Rolfes (2005), Rolfes (2015).

bereits zum folgenden Kapitel über, das der Frage des ‚Umgangs' von Gesellschaft und Kriminalpolitik mit ‚Clankriminalität' gewidmet ist.

3.3 Befunde zum gesellschaftlichen und kriminalpolitischen Umgang mit ‚Clankriminalität'

In diesem Kapitel wird die ‚anwendungsorientierte' und ‚anwendungskritische' Literatur zum Umgang mit ‚Clankriminalität' gesichtet. Dies betrifft präventives und repressives Handeln unterschiedlicher Akteur:innen; der Blick richtet sich auf bereits praktizierte Maßnahmen wie auch auf einschlägige Handlungskonzepte und Vorschläge. Auch hier ist festzuhalten, dass es weitestgehend an empirischen Studien mangelt. Vorliegende Arbeiten beschreiben existierende Handlungsansätze, bewerten sie teilweise unter faktischen und rechtlichen Gesichtspunkten und formulieren Handlungsvorschläge bzw. entwerfen (aus Sicht der Verfasser:innen) erfolgversprechende Handlungskonzepte. Im Unterschied zu den Literatursichtungen zur Phänomenologie und zur Genese von ‚Clankriminalität' werden hier auch einige unmittelbar politische Dokumente (Programme, Positionspapiere etc.) verarbeitet.

Die Thematisierung von ‚Clankriminalität' hat in den letzten Jahren einen solch prominenten Status erreicht, dass sie nun auch Niederschlag in Regierungsprogrammen findet. Im Koalitionsvertrag der ‚Ampelkoalition' vom November 2021 wird das Thema als „sogenannte Clankriminalität" mehrfach erwähnt. Dort heißt es (zitiert nach Patzak, 2021):

> *Wir machen die Bekämpfung der Organisierten Kriminalität (OK, einschließlich der sogenannten Clankriminalität) zu einem Schwerpunkt unserer Sicherheitsbehörden: durch mehr und bessere Strukturermittlungen, die Nutzung strafrechtlicher Möglichkeiten u. a. bei der Vermögensabschöpfung, die Optimierung der Strukturen bei der Geldwäschebekämpfung und ihrer Ressourcen, eine stärkere Verankerung des Themas in der Ausbildung in den Sicherheitsbehörden, mehr Prävention und einer verbesserten Analysefähigkeit. ... Im OK-Lagebild sollen relevante Gruppierungen, z. B. die der Mafia oder der sogenannten Clankriminalität, aussagekräftiger analysiert werden. Zur sogenannten Clankriminalität wird eine definitorische Klärung herbeigeführt. Den Kampf gegen Menschenhandel intensivieren wir.*

‚Clankriminalität' wird hier in einen Begriffsrahmen von Organisierter Kriminalität gestellt. Es wird durchgängig von „sogenannter

Clankriminalität" gesprochen, wobei offenbleibt, ob damit die Bezeichnung oder das Bezeichnete gewissermaßen unter Vorbehalt gestellt wird. Ähnliches gilt für das formulierte Ansinnen der „definitorischen Klärung"; auch hier ließe sich die Formulierung einerseits im Sinne des Erstellens einer konsensfähigen Definition von ‚Clankriminalität' lesen, andererseits auch im Sinne einer Klärung der Frage, ob ‚Clankriminalität' ein geeigneter Terminus ist oder ob er aus inhaltlichen, politischen oder ethischen Gründen durch alternative Formulierungen abgelöst werden sollte.

Auch auf der Ebene der Länder ist der Einzug des Themas in die politische Programmatik erkennbar. Bereits im Koalitionsvertrag für Nordrhein-Westfalen 2017–2022 (CDU Nordrhein-Westfalen & FDP Nordrhein-Westfalen, 2017) ordneten die Regierungsparteien die Bekämpfung von ‚Clankriminalität' dem Kampf gegen die „Ausbreitung von Organisierter Kriminalität – insbesondere in Form von Banden, Rockern und Familienclans" unter; dieser „Ausbreitung" sollte „durch eine Null-Toleranz-Strategie und maximalen Kontroll- und Verfolgungsdruck wirksam begegnet" werden (S. 59). Neben einem (dann bald geschaffenen) Lagebild zur ‚Clankriminalität' sollten „Task-Forces aus Staatsanwaltschaft, Polizei, Ordnungs-, Jugend-, Ausländer- und Sozialamt" geschaffen werden, „die abgestimmte Maßnahmen gegen diese Gruppen konsequent zur Anwendung bringen" (S. 59). In diesen programmatischen Ansätzen zum Umgang mit ‚Clankriminalität' deuten sich bereits wesentliche Merkmale derzeit praktizierter Ansätze an. Dies betrifft einerseits den institutionsübergreifenden Charakter der Auseinandersetzung mit ‚Clankriminalität' als nicht alleine polizeiliche und strafjustizielle Aufgabe, sondern als eine im Verbund mit anderen einschlägigen behördlichen Akteur:innen anzustrebende Form der Problemlösung. Andererseits ist von einer „Null-Toleranz-Strategie und maximalem Kontroll- und Verfolgungsdruck" die Rede. Mit der Wendung „Null-Toleranz" wird unmittelbar an *zero tolerance*-Konzepte angeknüpft, wie sie insbesondere aus der US-amerikanischen Kriminalpolitik erwachsen sind (programmatisch etwa Bratton, 1998; Bratton & Knobler, 1998), die bereits im Vorfeld von Straftaten bei Ordnungsverstößen ansetzen und deren Wirksamkeit auf der Basis vorliegender Befunde bezweifelt werden kann (siehe hierzu u. a. die Metaanalyse von Braga, Welsh & Schnell, 2015). Ähnliche Argumentationsmuster finden sich auch etwa in einem gemeinsamen Antrag der Regierungsparteien SPD und CDU an den niedersächsischen Landtag (Niedersächsischer Landtag, 2020c), in dem unter der Überschrift „Kriminelle Familienclans in Niedersachsen konsequent bekämpfen" neben spezifischen Maßnahmen etwa zur Geldwäschebekämpfung oder bei der Ausgestaltung der Vermögensabschöpfung wiederum gefordert wird, „die Zusammenarbeit zwischen den Strafverfolgungsbehörden (Polizei und

Justiz) und mit anderen bei der Bekämpfung von Clankriminalität relevanten Behörden (insbesondere Zoll, Ausländer- und Sozialbehörden, Steuerfahndung, Gewerbeaufsicht, Ordnungsämter und Bundesagentur für Arbeit) weiter auszubauen“ und den „Kontroll- und Strafverfolgungsdruck gegen Angehörige krimineller Clanstrukturen noch weiter zu erhöhen, indem auch Fälle vermeintlicher Kleinkriminalität und Ordnungswidrigkeiten konsequent geahndet werden“ (Niedersächsischer Landtag, 2020c, S. 2).

Insgesamt ist die staatliche kriminalpolitische Auseinandersetzung mit ‚Clankriminalität‘ bislang in starkem Maße durch diese beiden Elemente (Notwendigkeit einer Bekämpfung von ‚Clankriminalität‘ im Verbund verschiedener Akteur:innen und hoher Verfolgungsdruck / Null-Toleranzstrategie auch gegenüber Verstößen geringerer Schwere und außerhalb des Bereichs strafrechtlicher Vorwerfbarkeit) geprägt. Ein Positionspapier des Bundes Deutscher Kriminalbeamter (Wendt & Kretzschmar, 2019) greift diese Ansätze ebenfalls auf, modifiziert, differenziert und ergänzt sie aber gegenüber den parteipolitischen Positionierungen. Auch von Wendt und Kretzschmar (2019) wird die Intensivierung der polizeilichen Kooperation „mit der Staatsanwaltschaft, mit der Steuerfahndung, dem Zoll, den Sozialbehörden/Jobcentern, den Grundbuchämtern, den Ordnungsämtern, den Gewerbeämtern und insbesondere mit den Ausländerbehörden“ gefordert (S. 24), gleichzeitig aber auch die Einbindung zivilgesellschaftlicher Akteur:innen angeregt, genauer von „etablierten und vertrauenswürdigen NGOs, die sich mit dem Thema auseinandersetzen“ (S. 24). Wendt und Kretzschmar (2019) heben u. a. die Bedeutung präventiver Ansätze hervor. Es seien Konzepte für die „Verhinderung von Schuldistanz und andauerndem abweichendem Verhalten in der Schule“ zu entwickeln (S. 30); es müsse „Sorge getragen werden, dass neu zugewanderte Menschen schnellstmöglich Klarheit über ihr Bleiberecht erlangen“, um so „sich verfestigende und verkrustende kriminelle Strukturen durch unklaren Aufenthaltsstatus und andere begünstigende Faktoren, wie etwa die Anwerbung durch bestehende kriminelle Organisationen, von Beginn an zu verhindern“ (S. 30). Sprachunterricht und „Unterricht über das Leben in einer Demokratie und rechtsstaatliche Strukturen“ sollten integrationsfördernd wirken (S. 30). Neben einer quantitativ und qualitativ besseren Ressourcenausstattung der Polizei in der Auseinandersetzung mit ‚Clankriminalität‘ regen Wendt und Kretzschmar (2019) auch organisationale Innovationen und Anpassungen an wie die „Einrichtung von speziellen Kammern für Clankriminalität bei den Gerichten“ (S. 32).

Mit Blick auf den aktuellen Umgang mit ‚Clankriminalität' wird Staat und Gesellschaft in einigen Veröffentlichungen ein fehlendes Problembewusstsein bzw. unzureichende Maßnahmen attestiert. Schmidt und Bannenberg (2019, S. 340) konstatieren eine „Scheu vor der Benennung der ethnisch abgeschotteten Familienclans". Ghadban (2018a, S. 261f.) vertritt die Ansicht, dass eine von ihm in Deutschland als politisch wirkmächtig wahrgenommene Ideologie des „Multikulturalismus" die Integration von Minoritäten erschwere und die Entstehung von Phänomenen wie ‚Clankriminalität' begünstige. Er vertritt die Ansicht, die „staatliche Aufgabe" bestehe darin, „den Clan zu sprengen, um die Clanmitglieder einzeln zu integrieren" (vgl. auch Ghadban 2018b, S. 107f.). Duran (2019a) sähe eine Lösung des Problems darin, staatlicherseits Clans intensiver zu überwachen, Phänomene islamischer Paralleljustiz zurückzudrängen und zugleich dafür Sorge zu tragen, dass „die Migranten tatsächlich integriert werden" (S. 300). Hingegen betrachtet Nöding (2021, S. 239) den gegenwärtigen gesellschaftlichen und kriminalpolitischen Umgang mit dem Phänomenbereich insofern als problematisch, als „der sog. Clankriminalität in der öffentlichen Wahrnehmung ein weit größeres Störungs- bzw. Bedrohungspotential zugeschrieben wird als ihr tatsächlich zukommt" (Nöding, 2021, S. 239).

Mit Blick auf den gegenwärtigen sicherheitsbehördlichen Umgang mit ‚Clankriminalität' kommen Seidensticker und Werner (2021, S. 134) zu dem Schluss, es lägen „nur wenige Einsatz- und Bekämpfungskonzepte" vor; die existierenden Konzepte verfolgten „meist einen ausschließlich repressiv ausgerichteten Zero-Tolerance-Ansatz" und müssten daher „in Bezug auf ihre Wirksamkeit kritisch betrachtet werden". Es mangele an einer „spezifischen Ausrichtung auf das Phänomen und dessen Ursachen" (S. 134). Ähnlich argumentiert auch Duran (2020, S. 88), dass es im Hinblick auf eine behördliche Auseinandersetzung mit dem Phänomenbereich an Wissen über die Beschaffenheit, „den Umfang" sowie die „soziokulturellen Besonderheiten" sogenannter Clans fehle.

Hinsichtlich des polizeilichen Umgangs mit ‚Clankriminalität' hebt auch Dienstbühl (2021, S. 99ff.) eine hier indirekt aus dem sogenannten Broken Windows-Ansatz[42] abgeleitete „Null-Toleranz-Politik" hervor, in deren Rahmen durch dichte polizeiliche bzw. im Verbund mit anderen Behörden vorgenommene Kontrollmaßnahmen eine „Taktik der Nadelstiche" praktiziert werden soll, zu der die Verfasserin ausführt: „Die Taktik

---

[42] Siehe Kelling und Wilson (1982), detaillierter bei Kelling und Coles (1996); zu Folgen und Nebenfolgen von „broken windows policing" siehe u. a. Hess (2004), Hinkle und Weisburd (2008), O'Brien, Farrell und Welsh (2018; 2019), Weisburd, Hinkle, Braga und Wooditch (2015).

orientiert sich dabei an den Tätern, nicht an den Taten. Kleinste Vergehen sollen im Rahmen des Möglichen mit Strafen belegt und dadurch kriminelle Strukturen offengelegt und die Täter zermürbt werden“ (S. 100; ähnlich auch Dienstbühl, 2020c, S. 213). Das hier angesprochene Konzept der „Nadelstiche“ (oft auch als „1000 Nadelstiche“ bezeichnet) wird insbesondere mit dem Bundesland Nordrhein-Westfalen und dem nordrhein-westfälischen Innenminister Reul assoziiert, ist aber in seiner Umsetzung nicht auf Nordrhein-Westfalen begrenzt und wird andernorts (siehe etwa CDU Berlin, 2020) teils als vorbildhaft bewertet. Neben Personenkontrollen werden von Dienstbühl (2021) als polizeiliche Maßnahmen im Rahmen einer solchen Strategie u. a. Fahrzeugkontrollen, „Kontrollen von Shisha-Bars“ sowie Kontrollmaßnahmen (insbesondere Identitätsfeststellungen) in polizeilich ausgewiesenen Gefahrengebieten genannt (S. 102ff.).

Ferner wird in der Literatur darauf hingewiesen, dass es aus polizeilicher (und strafjustizieller) Sicht von großer Bedeutung sei, in der Auseinandersetzung mit ‚Clankriminalität‘ den Tatverdächtigen die von ihnen mutmaßlich durch kriminelles Handeln erlangten Vermögenswerte wieder zu entziehen. Die Voraussetzungen für eine Umsetzung von Maßnahmen der Vermögensabschöpfung (durch Einziehung, Sicherstellung, Beschlagnahme) haben sich – so u. a. Dienstbühl (2021, S. 105ff.), Wipf und Wörster (2021) – durch das im Juli 2017 in Umsetzung einer EU-Richtlinie zur „Sicherstellung und Einziehung von Tatwerkzeugen und Erträgen aus Straftaten in der Europäischen Union“ (Richtlinie 2014/42/EU) in Kraft getretene Gesetz zur Reform der strafrechtlichen Vermögensabschöpfung deutlich verbessert; dennoch bleiben entsprechende Maßnahmen in der Umsetzung herausfordernd. Wipf und Wörster (2021) verweisen u. a. auf das Erfordernis „umfangreicher, zeit- und personalintensiver Vermögensermittlungen, die sich über Grenzen hinweg in das Ausland erstrecken können“. Dies setze entsprechend ausgestattete Ermittlungsgruppen, die „Zusammenarbeit mit anderen Behörden, z. B. durch gemeinsame Finanzermittlungseinheiten“ und einen Ausbau der „internationalen polizeilichen und justiziellen Zusammenarbeit“ voraus. „Kriminelle Clans“ nutzten Nachweisschwierigkeiten, die sich etwa in Bezug auf „korruptionsanfällige Staaten“ (als Beispiel wird der Libanon genannt) ergeben „gezielt aus“ und profitierten vom Fehlen internationaler Abkommen.

Die oben erwähnte „Nadelstichstrategie“ kommt vor allem in der Durchführung von Kontrollmaßnahmen als Verbundeinsätze zum Ausdruck (siehe etwa Dienstbühl, 2021, S. 120ff.; Dogan & Lehnert, 2019; Richter, 2021; Sari & Lehnert, 2021). Insbesondere erfolgt hier eine Zusammenarbeit der Sicherheitsbehörden mit Finanzämtern und Steuerfahndung, Zoll und kommunalen Behörden (Ordnungsämter, kommunale Gewerbeaufsicht, Jugendämter etc.); mit Blick auf möglichen Sozialleistungsbetrug komme darüber hinaus den Jobcentern große Bedeutung zu (Dienstbühl, 2021, S. 133ff.; siehe auch Dienstbühl, 2020c, S. 213). Genannt werden in der Literatur ferner u. a. Grundbuchämter, Bauaufsicht, Ausländerbehörden, Jugendämter, Schulämter, aber auch nichtbehördliche Akteur:innen wie etwa Moscheen (vgl. etwa Dogan & Lehnert 2019, S. 732; Ghadban 2018a, S. 278; Henninger 2002, S. 726). „Nadelstichstrategie" und Verbundkontrollen umfassen über die unmittelbare Verfolgung von Straftaten hinausgehende Ansätze wie die Kontrolle von bau- und feuerschutzrechtlichen Genehmigungen, die Überprüfung und Sanktionierung von Verstößen gegen lebensmittelhygienische Standards in Lokalen und Gaststätten oder von falschparkenden Fahrzeugen.

Die kooperative Bekämpfung von ‚Clankriminalität' ist mittlerweile in Teilen auch formell etabliert. So wurde in Berlin 2018 eine Koordinierungsstelle Organisierte Kriminalität (KO-OK) eingerichtet, die Kooperationsbeziehungen koordinieren und institutionalisieren soll (vgl. Wendt 2021b, S. 267). In Nordrhein-Westfalen wurde 2020 der Kooperationsvertrag zur „Sicherheitskooperation Ruhr zur Bekämpfung der Clankriminalität" (SiKo Ruhr) unterzeichnet; der Siko Ruhr gehören Kommunalverwaltungen, Landes- und Bundespolizei sowie Zollbehörden an (vgl. hierzu z. B. Dienstbühl, 2021, S. 120).

Dogan und Lehnert (2019) widmen sich den Rechtsgrundlagen der „Nadelstichstrategie", indem sie Möglichkeiten anlassloser und unangekündigter Kontrollen diskutieren. Sie argumentieren, dass es jenseits der Anforderungen der Strafprozessordnung auf dem Verwaltungsrecht und dem Polizeirecht basierende Möglichkeiten der Kontrolle gebe (Dogan & Lehnert 2019, S.732). Die Kombination verschiedener Eingriffsgrundlagen mache eine abgestimmte Koordination und Vorbereitung notwendig. Die Möglichkeiten der Zusammenarbeit von Sicherheits- und Finanzbehörden werden durch das Steuergeheimnis sowie datenschutzrechtliche Aspekte limitiert (vgl. Duran, 2020, S. 88; Ghadban 2018a, S. 264f.; Henninger 2002, S. 728).

Die grundlegende Ausrichtung, gegen ‚Clans' und ‚Clankriminalität' im Verbund von Polizei, Justiz und anderen Behörden mit einer „Null-Toleranz-Nadelstich-Strategie" vorzugehen, wird in der Literatur aus unterschiedlichen Perspektiven kritisch hinterfragt. Heinrich (2020, S.244) zieht die Möglichkeit einer räumlichen Verdrängung (Ausweichen von ‚Clans' in weniger dicht kontrollierte ländliche Räume) in Betracht und mahnt angesichts des „niedrigschwelligen Eingreifens der staatlichen Akteure" die stete Prüfung der Wahrung des Grundsatzes der Verhältnismäßigkeit an (S.

244). Rinn und Wehrheim (2021b, S. 360) kritisieren, dass zur „öffentlichen Legitimation dieser Strategie“ aus einer behaupteten Unübersichtlichkeit von Clanstrukturen die Notwendigkeit extensiver polizeilicher Zugriffe abgeleitet werde, die sich „von Falschparken und Verstößen gegen Hygienevorschriften in Imbissen, über Schlägereien und den Besitz unversteuerten Tabaks bis hin zu Insolvenzverschleppung und Sozialleistungsbetrug“ erstreckten. Die durch eine Vielzahl von Akteur:innen erfolgenden Interventionen stellten sich als „repressiver Zugriff auf scheinbar beliebige Personen“ dar (Rinn & Wehrheim, 2021a, S. 4, sprechen in einem ähnlichen textlichen Kontext vom „repressiven Zugriff auf scheinbar beliebige, nicht weiß-deutsch aussehende Personen“ und attestieren der Strategie damit zugleich eine rassistische Ausrichtung oder jedenfalls diskriminierend selektive Umsetzung).

Feltes und Rauls (2020) ordnen die „Nadelstichstrategie“ dem zunächst im Hinblick auf Rockergruppierungen entwickelten sogenannten „administrativen Ansatz“ zu dessen Kern sie dahingehend erläutern, dass „vermeintlichen Straftätern die Nutzung der gesetzlichen administrativen Infrastruktur verwehrt wird und massive, öffentlichkeitswirksame Kontrollen von Verwaltungsvorschriften eingesetzt werden, um diese Gruppen zu beeindrucken“. Oft seien „Menschen von diesen Maßnahmen betroffen, denen keine Straftat nachgewiesen wurde“ (S. 372). Feltes und Rauls (2020, S. 374) bezweifeln, dass die Nadelstichstrategie zur Lösung der avisierten Probleme beitragen könne. Sie werfen angesichts „massiver, öffentlichkeitswirksamer Kontrollen von Verwaltungsvorschriften“, über die „oftmals Journalisten im Vorfeld informiert“ würden, wiederum die Frage nach der Verhältnismäßigkeit auf und gehen davon aus, dass „die Verantwortlichen genau wissen, dass das Ergebnis in keinem Verhältnis zum betriebenen Aufwand steht“ (S. 373). Zudem sei der administrative Ansatz rechtlich fragwürdig, da hierbei „in ein- und demselben Sachverhalt zunächst die Mittel des Strafrechts anzuwenden versucht werden, bei deren Scheitern dann auf das Gefahrenabwehrrecht umgeschaltet wird“ (S. 374). Die Systematik der Trennung von Gefahrenabwehr und Strafverfolgung werde durch den administrativen Ansatz grundlegend tangiert. Er sei „Ausdruck einer ausschließlich am Ziel, und nicht am Recht orientierten Vorgehensweise der Sicherheitsbehörden auf der Suche nach einer Grundlage für ihr Handeln. Dabei werden auch das Rechtsstaatsgebots und das Prinzip der Gewaltenteilung missachtet, das den Bürger vor einer Konzentration staatlicher Macht und der daraus entstehenden Gefahr des Machtmissbrauchs schützen soll“ (S. 374). Auch Liebscher (2020, S. 535) bewertet entsprechende Vorgehensweisen als wenig erfolgreich. Die „medienwirksamen Schwerpunkteinsätze im Bereich Clankriminalität“ erbrächten „vergleichsweise magere Ergebnisse, unversteuerten Tabak,

Verstöße gegen das Jugendschutzgesetz oder Verkehrsordnungswidrigkeiten".

Über das die Diskussion und die geübte Praxis dominierende Konzept der im organisationalen Verbund umgesetzten „Nadelstichstrategie" hinaus werden in der einschlägigen Literatur verschiedene Maßnahmen und sicherheitsbehördliche Ausrichtungen erörtert. Dazu gehört etwa sichtbare polizeiliche Präsenz in Stadtteilen, die als durch ‚Clankriminalität' belastet gelten (Haverkamp, 2018, S. 132). Verschiedentlich werden Ansätze diskutiert, die den Aufenthalt möglicher Straftäter:innen in der Bundesrepublik betreffen. So vertritt bereits Henninger (2002, S. 727) die Auffassung, dass „aufenthaltsbeendende Maßnahmen auch wesentlich mit Präventionseffekten verbunden" seien, denn Abschiebungen seien oftmals „lediglich aufgrund von Abschiebungshindernissen [wie ungeklärten Staatsangehörigkeiten] ausgesetzt". Rohde, Dienstbühl und Labryga (2019b) erörtern unter Bezugnahme auf entsprechende Diskussionen in der Innenministerkonferenz die Möglichkeit, Doppelstaatler:innen gegebenenfalls die deutsche Staatsbürgerschaft zu entziehen, wenn Bezüge zur Organisierten Kriminalität nachgewiesen werden sollten. Organisationale Spezialisierungen werden im Umgang mit ‚Clankriminalität' befürwortet und teilweise bereits umgesetzt. So thematisieren u. a. Dienstbühl (2021, S. 115ff.) und Wendt (2021b, S. 268) die Einrichtung Besonderer Aufbauorganisationen (BAO) im Bereich ‚Clankriminalität', um gegenüber Strukturen der Allgemeinen Aufbauorganisation (AAO) konzentrierter und flexibler arbeiten zu können; Dienstbühl (2021) berichtet von entsprechenden Neustrukturierungen im Bereich der nordrhein-westfälischen Polizei. Auf der Ebene der Justiz wurden in Niedersachsen Anfang des Jahres 2020 vier Schwerpunktstaatsanwaltschaften „zur effektiven Verfolgung der Clankriminalität" bei den Staatsanwaltschaften Brauschweig, Osnabrück, Stade und Hildesheim eingerichtet (Niedersächsisches Justizministerium, 2020), die als justizielle Zentralstellen zuständig sind für „Straf- und Ordnungswidrigkeitenverfahren jeglicher Deliktsart und -schwere gegen Personen, die der Clankriminalität zuzuordnen sind" (Niedersächsisches Ministerium für Inneres und Sport & Niedersächsisches Justizministerium, 2021, S. 17). Dabei sei es von besonderer Bedeutung, im Zusammenwirken von Polizei und Justiz „in den Kernbereich krimineller Clanstrukturen vorzudringen und die Straftäterinnen und Straftäter zu erkennen, zu identifizieren und zu verfolgen". Der Vermögensabschöpfung als Mittel der Entziehung kriminell erlangter Vermögenswerte wird bei diesem Ansatz wiederum große Bedeutung beigemessen (Niedersächsisches Ministerium für Inneres und Sport & Niedersächsisches Justizministerium, 2021, S. 22).

Neben repressiven Formen des Umgangs mit ‚Clankriminalität' werden in einer Reihe von Veröffentlichungen auch Maßnahmen im Bereich der Prävention thematisiert. So spricht Rohe (2019a, S. 6) vom Umgang mit ‚Clankriminalität' als einer „Querschnittsaufgabe für die Bereiche Justiz, Inneres und Soziales" und mahnt eine Verbindung von Prävention und Repression an. Auf repressivem Wege gehe es darum, „vorhandene Strukturen ... aufzubrechen". „Wirksame Prävention" setze „in gleicher Weise die Vermeidung von Stigmatisierungen und die klare Benennung existierender Probleme voraus" (S. 6). Unter anderem müsse präventiv „vermieden werden, dass Neuankömmlinge mit ungesichertem Aufenthaltsstatus über längere Zeit ohne sinnvolle Beschäftigungsperspektive bleiben" (Rohe 2019a, S. 6). Mit Blick auf die Prävention von ‚Clankriminalität' bringt Rohe (2019a, S. 7) das Konzept des ‚Brückenbauers' ins Spiel. Darunter sind Mitglieder von Großfamilien zu verstehen, die „ein gesetzestreues Leben als Bestandteil unserer Gesellschaft" führen und deren „positives Potential" präventiv genutzt werden könnte. Es gehe dabei, so Rohe, nicht nur um ‚Aussteigerprogramme', sondern um eine Versöhnung des Lebens in oft solidarischen Großfamilienstrukturen einerseits und Anerkennung der rechtsstaatlichen Grundlagen des Zusammenlebens andererseits" (Rohe, 2019a, S. 7). Rohe spricht „individuelle Stärkung" durch das „Bildungs- und Erziehungssystem" an, „damit Menschen im Konfliktfall realistische, menschlich zu bewältigende Optionen einer Distanzierung zum Kollektivinteresse zur Verfügung stehen". Bedeutsam seien gewaltfreie Erziehung, Erziehung zur Selbständigkeit und „faire Teilhabechancen an Bildung und Arbeit", ferner würden „Schutzräume benötigt, in denen Betroffene sich mit ihren auf formalen, patriarchalisch grundierten Ehrbegriffen und deren gewaltsamer Durchsetzung auseinandersetzen und sich davon lösen können" (S. 7). Im Hinblick auf das Phänomen der Paralleljustiz gelte es zudem, „Hilfsmaßnahmen bei milieuspezifisch-kulturell geprägten Konflikten in Familie und sozialem Umfeld" zu schaffen, die „Ausbildung/Einsatz von Schlichtern/Mediatoren/Kulturmittlern" zu fördern und „Empowerment" (insbesondere bei Frauen) zu begünstigen. Insgesamt sei der „Zugang zu Bildung und Arbeit" wichtig, allerdings auch „staatliche Präsenz" in einschlägigen Milieus (Rohe, 2019b, S. 67ff.). Auch in einem Tagungsbericht von Werner (2021) wird die präventive Bedeutung integrativer Maßnahmen betont, zu denen u. a. die „Schaffung von Bleibeperspektiven", u. a. durch „Reduzierung von Kettenduldungen" gehöre (S. 175). Haverkamp (2018, S. 132) erläutert im Hinblick auf neu ankommende Geflüchtete, dass die Familienzusammenführung ein stabilisierender Faktor für junge, einsame und schlecht ausgebildete arabische Männer sei. Sie verweist diesbezüglich zugleich auf die Relevanz der Größe der Familien, da die Zusammenführung von Großfamilien die

Entwicklung von Clan-Strukturen und organisierter Kriminalität unterstützen könne. Im KEEAS-Projektbericht (Landeskriminalamt Nordrhein-Westfalen, 2018) wird unter der Überschrift „Prävention“ zunächst betont, dass „Verhaltensänderungen im Milieu der Clanfamilien ... in erster Linie durch frühzeitige, zeitnahe und konsequente Reaktionen auf Rechtsverletzungen (auch in Form parallel umgesetzter vermögensabschöpfender Maßnahmen)“ erreicht werden könne, dass diese aber „von intensiven Bemühungen um die Integration der nachwachsenden Generation“ flankiert werden sollten (Landeskriminalamt Nordrhein-Westfalen, 2018, S. 21). An anderer Stelle werden die Grenzen der Wirksamkeit repressiver Maßnahmen etwas deutlicher angesprochen und hinzugefügt, dass „für ausstiegswillige Clanmitglieder ... Signale gesetzt werden“ sollten, „die zeigen, dass sich nicht-kriminelles Verhalten lohnt“. Dies setze „integrierte und von einer Vielzahl unterschiedlicher Akteure getragene Ansätze“ voraus (Landeskriminalamt Nordrhein-Westfalen, 2018, S. 23)[43].

Über die oben skizzierten Würdigungen der ‚Nadelstichstrategie‘ hinaus finden sich in der Literatur einige weitere Einschätzungen, die den polizeilichen und justiziellen Umgang mit ‚Clankriminalität‘ betreffen. So nehmen Dangelmaier et al. (2021) eine u. a. auf Interviews im Bereich der Schutzpolizei gestützte „Analyse der mit dem Phänomen assoziierten diskursiven Formationen im binnenpolizeilichen Kontext“ (S. 18) vor. Sie finden ein ethnisierendes „polizeiliches Narrativ über kriminelle Clans“, das zudem „eine Verknüpfung zu bestimmten Raumausschnitten und Örtlichkeiten, wie bspw. Shisha-Bars“ beinhaltet (S. 19). Durch die „Etikettierung kriminogener Orte im Kontext von Clankriminalität“ würden polizeiliche Kontrollpraktiken legitimiert und „Sichtweisen über Räume und Personen in diesen Räumen (re-)produziert“ (S. 26). Die „Zuordnung von Clankriminalität zu bestimmten Raumausschnitten, wie zu Stadtteilen, Straßenzügen oder Lokalitäten, führt zu einer pauschalisierenden Kriminalisierung dieser Raumausschnitte“ und der sie nutzenden Personen (Dangelmaier et al., 2021, S. 26). Nöding (2021) sieht im justiziellen Umgang mit ‚Clankriminalität‘ spezifische „Maßstäbe bei der Strafverfolgung“ (S. 241). So werde bei „Angehörigen entsprechender kriminalitätsbelasteter Familien viel restriktiver von Möglichkeiten der Opportunitätseinstellung von Verfahren nach den §§ 153 ff. StPO Gebrauch gemacht“; gegenüber jungen Tatverdächtigen würden „auch noch nicht oder nur geringfügig in Erscheinung getretenen Familienangehörigen die sonst

[43] Detaillierte Handlungsempfehlungen aus dem KEEAS-Projekt werden als Verschlusssache behandelt und nicht öffentlich gemacht.

üblichen Diversionsmöglichkeiten (§§ 45, 47 JGG) verwehrt“ (Nöding, 2021, S. 242).

Ein kurzer Blick sei hier zuletzt noch in den europäischen Bereich geworfen. Im KEEAS-Projektbericht (Landeskriminalamt Nordrhein-Westfalen, 2018, S. 22) wird auf einen gemeinsam von Polizei und Sozialer Arbeit in Dänemark praktizierten präventiven Ansatz Bezug genommen. Durch eine Kombination von „soft-power“ (Sozialarbeit) und „hard-power“ (Polizei) werde versucht „positive Verhaltensansätze von Clanangehörigen zu erkennen und Ansatzpunkte im Hinblick auf ‚Aussteigewillige‘ zu finden“. Es werde „der nichtkriminellen Bevölkerung im ‚Ghetto‘ ... durch eine Null-Toleranz-Strategie signalisiert, dass man ihren Lebensraum lebenswert und sicher machen möchte“. Wesentlich für den Ansatz sei „Wissen zu Einzelpersonen in den Clanfamilien“, das Polizei und Streetworkern dazu diene, „die ‚stärkenden‘ Gangstrukturen aufzubrechen und einzelnen Personen gezielt den Ausstieg aus dem kriminellen Lebensstil zu ermöglichen“ (Landeskriminalamt Nordrhein-Westfalen, 2018, S. 22).

Mit Blick auf Spanien betont Cano Paños (2021b, S. 479), dass eine rein polizeilich-repressive Strategie[44] unzureichend sei, „um die deliktische Aktivität der Clans zu bekämpfen“. Er erwähnt „soziale Ausgrenzung, Arbeitslosigkeit und mangelnde Partizipationschancen“ der Großfamilien als kriminogene Faktoren und somit als Ansatzpunkte für Prävention (S. 480). Cano Paños (2021b) sieht es als wesentlich an, u. a. über die Schule „den Normen und Werten entgegenzuwirken, die die Erziehungsdynamik innerhalb dieser Familien bestimmen“ (S. 480). Der Autor regt zudem „Aussteigerprogramme“ an, „die sich ausschließlich auf Familienclans konzentrieren“ (S. 480), weist aber zugleich auf Schwierigkeiten hin, präventiv auf Menschen einzuwirken, die in einer „Parallelgesellschaft“ (S. 481) lebten und sozialisiert würden.

Das European Crime Prevention Network EUCPN hat 2020 eine „Toolbox zum Thema Familienkriminalität“ vorgelegt (siehe European Crime Prevention Network, 2020a; 2020b; 2020c). Von ‚Clans‘ ist dabei nur vereinzelt und eher am Rande die Rede. Es wird jedoch vielfach darauf Bezug genommen, dass die Toolbox sich auf „kriminelle Familien“ beziehe; auch Bezüge dieser Familien und Großfamilien zur Organisierten Kriminalität werden angesprochen, so dass davon ausgegangen werden

[44] Hier skizziert Cano Paños (2021b, S. 474) u. a. einen „Besonderen Sicherheitsplan für den Campo de Gibraltar“ (Plan Especial de Seguridad para el Campo de Gibraltar, PESCG), der neben der personellen, technischen und organisatorischen Stärkung der Polizeikräfte auch Maßnahmen zu einer "Verstärkung der Untersuchungen gegen das Eigentum aller Organisationen, die sich dem Drogenhandel" und damit zur Bekämpfung der Geldwäsche vorsieht.

kann, dass Problemlagen, wie sie in Deutschland unter dem Label ‚Clankriminalität' diskutiert werden, hier jedenfalls einbezogen sind. In der Publikation des European Crime Prevention Network (2020c) wird „ein integrierter Ansatz zur Verhütung von Familienkriminalität" vorgelegt (S. 9). Es werden verschiedene mögliche Handlungsansätze diskutiert, darunter „familienbasierte soziale Interventionen für Multiproblemfamilien" (S. 12); hier wird auf evaluierte Ansätze wie funktionelle Familientherapie, multisystemische Therapie oder multidimensionale Familientherapie hingewiesen, zugleich werden aber auch spezifische Anwendungs- und Zugangsprobleme und -limitationen in „kriminellen Familien" angesprochen. „Außerschulische Aktivitäten für Risikokinder" (S. 17) werden unter bestimmten Voraussetzungen (u. a. Orientierung an Lebenskompetenzen, Evaluation der Maßnahmen) für sinnvoll erachtet. Der Bericht spricht unter dem Begriff „Business Improvement Districts" quartiersbezogene „Interventionen in der Nachbarschaft" (S. 19) an, die lokale Akteur:innen zusammenbringen und die „kollektive Wirksamkeit ... fördern" sollen (S. 20). In Bezug auf „Polizeipräsenz und gezielte Abschreckungsstrategien" (S. 22) spricht der Bericht sich für eine Art von „focused deterrence" aus (vgl. dazu etwa Braga, Apel & Welsh, 2013), ein Ansatz der Mitglieder gewalttätiger Gruppen mit einer Kombination aus Abschreckungsmaßnahmen und Hilfeangeboten adressiert (siehe zur Diskussion um die Eignung solcher Ansätze im Umgang mit ‚Clankriminalität' auch Werner, Seidensticker & Querbach, 2021). In Bezug auf Ausstiegsprogramme kommt der Bericht zu der Einschätzung, dass diese „für eng miteinander verbundene kriminelle Familien nur begrenzt erfolgversprechend" seien. „Menschen mit schwächeren Bindungen, d. h. jüngere, unverheiratete Mitglieder, würden am meisten von Ausstiegsprogrammen profitieren. Das Strafvollzugssystem scheint ein guter Ort zu sein, um Ausstiegshilfen anzubieten, da die Täter physisch von ihren Familien entfernt werden, aber der Erfolg hängt weiterhin von ihrem Willen zum Ausstieg ab. Besondere Aufmerksamkeit sollte Mädchen und Frauen gelten, die die Familie verlassen oder in einigen Fällen arrangierte Ehen vermeiden wollen" (S. 32). Der administrative Ansatz wird als „wertvolles Instrument im Kampf gegen die organisierte Kriminalität" bewertet, er bedürfe aber „im Falle der familienbasierten organisierten Kriminalität" der Ergänzung um „betreuungs- und wohlfahrtsorientierte Ansätze ..., die sich in erster Linie auf Kinder und Jugendliche in diesen Milieus beziehen" (S. 33f.). Das „Entfernen von Kindern aus kriminellen Familien" (S. 27) beurteilt das EUCPN als nicht empfehlenswert. Insgesamt bedürfe es eines „ganzheitlichen Ansatzes", der verschiedene Interventionen miteinander verknüpfe, „um das Problem aus verschiedenen Blickwinkeln anzugehen und so viele Präventionsmechanismen wie möglich gleichzeitig zu aktivieren" (S. 37).

4 Fazit

Der vorliegende Literaturreview zum Phänomenkomplex sogenannter Clankriminalität basiert auf einer Vielzahl von Publikationen, die jedoch in ihrer Mehrheit nicht als Ausfluss systematisch gewonnener Empirie zu bezeichnen sind. Viele Beiträge stellen unmittelbare Aufbereitungen polizeilicher Daten dar bzw. nehmen auf solche Bezug; zahlreiche Texte gehen von – im Gesamtbild stark divergierenden – kriminalpolitischen Wertungen und Positionen aus bzw. bringen solche zum Ausdruck.

Bevor abschließend eine Zusammenfassung zentraler Punkte versucht wird, sei auf Limitationen der vorliegenden Arbeit hingewiesen. Zunächst ist es trotz intensiver und aufwändiger Recherchen nur in begrenztem Umfang gelungen, Arbeiten zu identifizieren und in die Auswertung einzubeziehen, die als eigenständige empirische Studien zu der im Fokus stehenden Thematik aufgefasst werden können. Die Verfasser:innen gehen davon aus, dass dies im Wesentlichen nicht in Mängeln der angewendeten Such- und Selektionsstrategien begründet ist, sondern die bislang schwache empirische Durchdringung des Phänomenbereichs widerspiegelt. In der Folge war es in der vorliegenden Arbeit nur sehr eingeschränkt möglich, einen ‚konsolidierten Forschungstand' wiederzugeben. In weiten Teilen hat der Review vor allem den Charakter einer strukturierten Reproduktion der in einschlägigen Fachveröffentlichungen vertretenen Sichtweisen, Erfahrungen und Positionen. Die Kriterien für die Einbeziehung von Arbeiten in den Review waren weit gefasst, so dass die Abgrenzung zu als ‚journalistisch' zu bewertenden (und deshalb ausgeklammerten) Arbeiten sich bisweilen als schwierig erwies.

Inhaltlich hat sich der vorliegende Review im Wesentlichen auf Publikationen begrenzt, in denen unmittelbar von ‚Clankriminalität' oder ‚kriminellen Clans' die Rede war. Nicht systematisch einbezogen wurden Arbeiten, deren fokussierte Phänomenbereiche strukturelle Übereinstimmungen und Gemeinsamkeiten hinsichtlich des Themenkomplexes sogenannter Clankriminalität besitzen, die aber zugleich zur Bezeichnung und Beschreibung der Kriminalitätsformen und der möglichen Täter:innen andere Bezeichnungen als die genannten verwenden. Dies betrifft insbesondere Formen systematisch von Kollektiven begangener Straftaten, soweit auch familiäre Beziehungen für die Herausbildung und den Zusammenhalt der ‚delinquenten Struktur' von Bedeutung sein können. Insofern blieb die umfangreiche Literatur zu ‚klassischer' organisierter Kriminalität, etwa zur familiären Verankerung süditalienischer Mafiastrukturen unberücksichtigt. Entsprechendes gilt für vom ‚Clan-Thema' und der ‚Clan-Terminologie' unabhängige Arbeiten zur „familial transmission of crime“, sei es über Generationen hinweg oder auch intragenerational[45]. Ebenfalls nicht einbezogen wurden Arbeiten zu nicht unmittelbar als ‚Clans‘ bezeichneten Gangs und sonstigen Gruppierungen, die mit kollektiver Begehung von Straftaten primär im öffentlichen Raum assoziiert werden.

Auf der Basis des vorliegenden Reviews lässt sich resümierend Folgendes feststellen:

(1) Empirische Forschung, die den Themenbereich ‚Clankriminalität‘ untersucht oder wenigstens berührt, ist bis dato insgesamt rar. Insbesondere liegen datenbasierte Aussagen zur Wirksamkeit von Maßnahmen unmittelbar für den Phänomenbereich ‚Clankriminalität‘ bislang nicht vor. Aber auch zur Phänomenologie und zu den Entstehungsbedingungen mangelt es an Studien. Ein eigenständiges Forschungsfeld zu ‚Clankriminalität‘ hat sich bis heute noch nicht entwickelt.

(2) Dieser Mangel an empirischen Studien kann auf mehrere Faktoren zurückgeführt werden:

   a. Zunächst ist ‚Clankriminalität‘ als gesellschaftliches Problem und Kriminalitäts- und Sicherheitsthema noch neu und wird überhaupt erst seit ca. zwei Jahrzehnten und noch einmal verstärkt im letzten Jahrfünft thematisiert.

   b. Bei ‚Clankriminalität‘ handelt es sich um einen Gegenstand, der sich der wissenschaftlichen Beforschung nicht ohne Weiteres anbietet. Wenn in Begriffsbestimmungen zu ‚Clans‘ und ‚Clankriminalität‘ immer wieder von „Abschottung“ die Rede ist, dann wäre dieses Merkmal eines, das auch Auswirkungen auf die Zugänglichkeit für die Forschung hat. ‚Clans‘ können etwa im Sinne von Refslund (2019; siehe auch Tourangeau, 2014) als „hidden or hard-to-access population“ begriffen werden. Ähnlich gelagerte Zugangsprobleme sind nicht nur hier, sondern u. a. auch im Bereich der Forschung zu Banden (siehe etwa Pawelz, 2017) und zu Organisierter Kriminalität (hierzu z. B. Campana & Varese, 2020) regelmäßig anzutreffen.

   c. Im vorliegenden Fall kommt hinzu, dass der Begriff ‚Clankriminalität‘ und damit der mögliche Gegenstand von

---

[45] Zum Beispiel Andersen (2017), Beaver (2013), Besemer, Ahmad, Hinshaw und Farrington (2017), Besemer, Farrington und Bijleveld (2013), Eichelsheim, van de Weijer und Bijleveld (2020), Fader (2016), Gannon (2008), Goodwin und Davis (2011), Junger, Greene, Schipper, Hesper und Estourgie (2013), Lyngstad und Skardhamar (2016), Spapens und Moors (2020), van Dijk, Kleemans und Eichelsheim (2019), Zoutewelle-Terovan, van der Geest, Liefbroer und Bijleveld (2014).

Forschung erstens in hohem Maße unklar und zweitens in einem grundsätzlichen Sinne umstritten ist (wobei es ähnlich gelagerte grundsätzliche Bedenken gegenüber sicherheitsbehördlich geprägten bzw. generierten Konzepten durchaus auch im Bereich der Forschung zu Organisierter Kriminalität gibt, siehe etwa Van Duyne & Vander Beken, 2009).

Der Forschungsgegenstand ist somit noch jung, in seiner Existenz und Benennung umstritten und zugleich das fragliche Forschungsfeld schwer zugänglich. Inwieweit sich hier mittelfristig ein eigenständiges, abgrenzbares Forschungsfeld entwickeln wird, muss als offene Frage gelten. Wenn andererseits ein Forschungsbereich wie derjenige der Organisierten Kriminalität mehrere Jahrzehnte benötigte, um sich zu entwickeln (von Lampe, 2008, S. 17) und dabei selbst nach so langer Zeit nach Einschätzung von Expert:innen immer noch auf einem gewissermaßen frühkindlichen Entwicklungsniveau verharrt (von Lampe, 2016, S. 13), sollte auch einer etwaigen Forschungstradition zu ‚Clankriminalität‘ ein entsprechender Entfaltungszeitraum zugebilligt werden.

(3) Jenseits einiger empirischer Arbeiten (die teils wiederum recht spezifischen Aspekten von ‚Clankriminalität‘ gewidmet sind, wie etwa der Frage nach dem Vorhandensein, der Beschaffenheit und Funktionsweise etwaiger „paralleler Justizstrukturen“) lässt das vorhandene Schrifttum sich zu weiten Teilen einer von zwei Kategorien zuordnen:

a. aus der sicherheitsbehördlichen Praxis stammende oder mit ihr assoziierte Darstellungen von Erfahrungen mit und Einschätzungen zu ‚Clankriminalität‘

b. gegenüber dem Terminus ‚Clankriminalität‘ grundsätzlich kritisch eingestellte Abhandlungen, aus deren Perspektive mit dem Konzept diskriminierende, ausgrenzende, stigmatisierende und skandalisierende Zuschreibungen verbunden sind, die den Interessen staatlicher Sicherheitspolitik dienen.

(4) Es gibt – und dies nicht nur vor dem Hintergrund der oben angerissenen Zweiteilung des Schrifttums – bislang keine einheitliche und konsensfähige Definition von Clankriminalität. Vorhandene Definitionsansätze (in der Regel aus der Polizei stammend) betonen die Verankerung von Kriminalität in assoziativen Strukturen, die sich auf der Grundlage familiärer Bindungen und gemeinsamer ethnischer Zugehörigkeit gesellschaftlich abschotten. Während der Begriff ‚Clankriminalität‘ grundsätzlich auf als ‚Clan‘ bezeichnete soziale Assoziationsformen jeglicher geografischen, kulturellen und ethnischen

Verortung bezogen werden kann, ist seine praktische Anwendung – jedenfalls in Deutschland und in der deutschen Sprache – weitgehend auf ‚Clans' beschränkt, deren Ursprünge bzw. Zwischenstationen der Migration, in der Türkei, im Libanon und darüber hinaus in Teilen des arabischen und nordafrikanischen Raumes gesehen werden. Insbesondere die Gruppe der „Mhallamiye" steht im Fokus des sicherheitsbehördlichen wie auch des fachlich-akademischen Interesses. Der Terminus ‚Clankriminalität' umfasst dabei (siehe dazu auch den folgenden Punkt) eine Vielzahl von Formen abweichenden und als problematisch erachteten Verhaltens, die von bloßen Ordnungswidrigkeiten bis zu schweren und in organisierter Weise begangenen Straftaten reichen.

(5) Unter den Begriff der ‚Clankriminalität' gefasst werden höchst unterschiedliche Formen devianten Verhaltens. Dazu zählen insbesondere die folgenden Elemente:

a. in familiale Strukturen eingebundene Kriminalitätsformen, die einen gewissen Grad an Dauerhaftigkeit, Organisiertheit, Arbeitsteiligkeit aufweisen und insofern als Organisierte Kriminalität kodiert oder jedenfalls in deren Nähe gerückt werden (exemplarisch in der Behandlung von ‚Clankriminalität' in den Lagebildern des Bundeskriminalamtes zur Organisierten Kriminalität);

b. Formen der Alltagskriminalität, wenn sie von Personen begangen werden, die aus als ‚Clans' (‚arabische Clans', ‚türkisch-arabische Clans' etc.) gelabelten sozialen Verbünden stammen; in der polizeilichen Registrierung von ‚Clankriminalität' reicht dies bis hin zu Taten wie Beförderungserschleichung oder Ladendiebstahl; quantitativ scheinen der Allgemeinkriminalität zuzurechnende Formen und Vorkommnisse im Feld der ‚Clankriminalität' diejenigen der eher organisiert begangenen Kriminalität zu dominieren.

c. Neben Allgemeinkriminalität und Organisierter Kriminalität werden vielfältige sonstige Problemverhaltensweisen unter den Begriff der ‚Clankriminalität' subsumiert. Dazu gehören sogenannte ‚Tumultlagen' und andere Formen einer aggressiven Beanspruchung des öffentlichen Raumes (in der Konfrontation mit anderen Gruppierungen oder auch mit der Polizei). Ferner sind dazu zu rechnen legale oder semilegale Geschäftsstrukturen, die auch der logistischen Unterstützung, Verdeckung oder Sicherung des Ertrags krimineller Aktivitäten dienen, also gewissermaßen eine Art von krimineller oder kriminogener Infrastruktur bereitstellen. Schließlich werden unter dem Oberbegriff der ‚Clankriminalität' auch außerhalb gesetzlicher Verfahren bestehende informelle Strukturen der

Konfliktregulation abgehandelt, die auch mit Zwang, Drohung und Gewalt gegenüber Insidern wie Outsidern operieren; von ‚Paralleljustiz' und ‚Parallelgesellschaft' ist dann vielfach die Rede.

(6) Bei den vorhandenen Begriffen von ‚Clankriminalität' handelt es sich ganz überwiegend um sicherheitsbehördliche Konzeptualisierungen, die gewissermaßen einen polizeilichen Arbeitsbegriff mit Inhalt füllen, aber nicht auf empirischen Untersuchungen eines Phänomens basieren. Nur vereinzelt und nur in Teilbereichen liegen auch empirische Arbeiten vor, wie etwa die Arbeiten von Rohe und anderen zu Fragen einer „Paralleljustiz".

(7) Zur Genese, zu den Entstehungs- und Aufrechterhaltungsbedingungen von ‚Clankriminalität' sind ebenfalls nur in sehr begrenztem Umfang empirisch fundierte Erkenntnisse verfügbar. In diesem thematischen Bereich kann zunächst grob unterschieden werden zwischen einer zeitgeschichtlich-diachronen und einer synchronen Perspektive. Aus der erstgenannten wird ‚Clankriminalität' primär mit Blick auf die Flucht-, Migrations- und Integrationsgeschichte großfamiliärer Verbünde betrachtet. Delinquentes Handeln von ‚Clanangehörigen' wird vor dem Hintergrund fortgesetzter Ausgrenzungs- und Diskriminierungserfahrungen gesehen, die sich auch nach der Ankunft in Deutschland (etwa in Form von Beschäftigungsverboten und dauerhaft ungesichertem Aufenthaltsstatus) fortsetzten. Diese Erfahrungen hätten zu einer Distanz zum Staat und einer starken Orientierung auf die Familie beigetragen. Auch aus der zweitgenannten (synchronen) Perspektive werden Ausgrenzungs- und Diskriminierungserfahrungen und defizitäre Lebensbedingungen als Bedingungsfaktoren in den Blick genommen. Darüber hinaus wird ‚Clankriminalität' mit spezifischen großfamiliären Werthaltungen, Einstellungen und Normen in Verbindung gebracht, in deren Zentrum ein kollektiv orientiertes Verständnis von Ehre, Ehrverletzungen sowie von Rechten und Verpflichtungen zur Wahrung von Ehre und zur Wiederherstellung verletzter Ehre steht. ‚Clans' werden ferner durch ihre Abgrenzung oder „Abschottung" gegenüber der Außenwelt charakterisiert, die mit einem starken Konformitäts- und Loyalitätsdruck nach innen sowie mit dem Aufbau von Parallelstrukturen, die Konformität sicherstellen sollen, verbunden ist. Aus einer dritten, konstruktivistischen Perspektive schließlich wird ‚Clankriminalität' nicht ätiologisch, sondern als Ergebnis sozialer Zuschreibungs- und Konstruktionsprozesse analysiert. Die hierzu vorliegenden Arbeiten untersuchen die Etikettierung und Stigmatisierung von Personengruppen und (Stadt-)Räumen als ‚gefährlich' und weisen auf Gefahren diskriminierender, rassistischer

und zugleich sicherheitsbehördliches Handeln legitimierender Zuschreibungsprozesse hin.

(8) Auch zum gesellschaftlichen und kriminalpolitischen Umgang mit ‚Clankriminalität' liegen bislang kaum Forschungsbefunde vor. Es lässt sich eine sicherheitsbehördliche Grundrichtung der Auseinandersetzung mit ‚Clankriminalität' skizzieren, die im Wesentlichen auf eine Null-Toleranz-Strategie sowie das Zusammenwirken von Polizei und Justiz mit einer Vielzahl weiterer behördlicher Akteur:innen setzt und dabei Ansätze übernimmt, wie sie unter der Bezeichnung „administrativer Ansatz" etwa gegenüber Rockergruppierungen bereits seit längerem praktiziert werden. Maßnahmen der Vermögensabschöpfung wird ein hoher Stellenwert beigemessen. Diese Ausrichtung trifft hinsichtlich ihrer rechtlichen Absicherung, ihrer Angemessenheit und Verhältnismäßigkeit sowie ihrer Effekte auf Kritik. Daneben werden organisationale Spezialisierungen empfohlen und zum Teil bereits realisiert. Mit Blick auf Möglichkeiten präventiven Einwirkens auf ‚Clans' und ‚Clankriminalität' wurden in jüngerer Zeit verschiedene Ansätze formuliert, die häufig Prävention durch Förderung sozialer Integration und Teilhabe anstreben. Durch das European Crime Prevention Network wurde ein ganzheitlicher Ansatz zur Prävention von „Familienkriminalität" vorgestellt, der unter anderem familienorientierte Hilfen, Maßnahmen der Quartiersentwicklung, Ausstiegshilfen für bestimmte Zielgruppen und Kombinationen von Abschreckung und Unterstützungsangeboten in Bezug auf Risikopersonen miteinander verbindet.

Literatur

*Unmittelbar in den Review einbezogene Veröffentlichungen sind mit * markiert*

Abgeordnetenhaus Berlin. (2020). *Schriftliche Anfrage der Abgeordneten Niklas Schrader und Anne Helm (LINKE) Organisierte Kriminalität – Datenerhebung und Statistik im Bereich sogenannter „Clankriminalität“ und Antwort. Drucksache 18 / 23 809*. Verfügbar unter: https://pardok.parlament-berlin.de/starweb/adis/citat/VT/18/SchrAnfr/S18-23809.pdf

Abgeordnetenhaus Berlin. (2021). *Schriftliche Anfrage der Abgeordneten Niklas Schrader und Anne Helm (LINKE) Organisierte Kriminalität – Polizeieinsätze, Datenerhebung und Statistik im Bereich sogenannter „Clankriminalität“ und Antwort. Drucksache 19 / 10 124*. Verfügbar unter: https://pardok.parlament-berlin.de/starweb/adis/citat/VT/19/SchrAnfr/S19-10124.pdf

*Adamson, G. (2020). Migrants and crime in Sweden in the twenty-first century. *Society*, *57*(1), 9-21. https://doi.org/10.1007/s12115-019-00436-8

AfD-Fraktion im Deutschen Bundestag. (2021). *Beatrix von Storch: Importierte Clan-Kriminalität und islamistischer Terror gehen Hand in Hand*. Verfügbar unter: https://www.presseportal.de/pm/130241/5040654

Al-Zein, M. (2020). *Der Pate von Berlin. Mein Weg, meine Familie, meine Regeln.* München: Droemer.

Andersen, L. H. (2017). Marriage, in-laws, and crime: The case of delinquent brothers-in-law. *Criminology*, *55*(2), 438-464.

Anderson, E. (2000). *Code of the street: decency, violence, and the moral life of the inner city.* New York, NY: W. W. Norton.

Autolitano, S. & Zoppei, V. (2016). *Strukturen unkonventionell organisierter Kriminalität aufdecken: zur Umsetzung von Strategien gegen grenzüberschreitende kriminelle Netzwerke (SWP-Aktuell, 68/2016).* Berlin: Stiftung Wissenschaft und Politik -SWP- Deutsches

Institut für Internationale Politik und Sicherheit. Verfügbar unter: https://nbn-resolving.org/urn:nbn:de:0168-ssoar-49303-7

Balibar, É. (1990). Gibt es einen Neo-Rassismus? In É. Balibar & I. Wallerstein (Hrsg.), *Rasse, Klasse, Nation: Ambivalente Identitäten* (S. 23-38). Berlin: Argument Classics.

*Bannenberg, B. (2020). Wer sucht der findet…: Fehlende OK-Ermittlungen. *KriPoZ*, 4/2020, 204-209.

*Bannenberg, B. & Schmidt, R. (2020). Krawalle: ein neues Phänomen in deutschen Innenstädten? *Kriminalistik, 74*(10), 590-594.

*Bannenberg, B. & Schmidt, R. (2021). Tschetschenische Clanstrukturen in Deutschland: Gewaltbereite, kriegserfahrene und islamistische Täter. *Kriminalistik, 75*(4), 208-212.

Bauer, A. (2013). *Identifikative Integration: über das Zugehörigkeitsgefühl von Migranten und Migrantinnen zu ihrer Aufnahmegesellschaft*. Stuttgart: ibidem-Verlag.

Bauer, A. & Schreyer, F. (2019). Ausländerbehörden und Ungleichheit: Unklare Identität junger Geflüchteter und der Zugang zu Ausbildung. *Zeitschrift für Rechtssoziologie, 39*(1), 112-142. https://doi.org/10.1515/zfrs-2019-0006

Baur, N. (2009). Problems of linking theory and data in historical sociology and longitudinal research. *Historical Social Research, 34*(1), 7-21. https://doi.org/10.12759/hsr.34.2009.1.7-2

Beaver, K. M. (2013). The familial concentration and transmission of crime. *Criminal Justice and Behavior*, *40*(2), 139-155.

Becker, H. (1963). *Outsiders: Studies in the sociology of deviance.* New York, NY: Free Press.

Behrendt, M. (2019). *Die arabische Gefahr - Wie kriminelle Familienclans unsere Sicherheit bedrohen.* Köln: Lübbe.

Belina, B. (2006). *Raum, Überwachung, Kontrolle: vom staatlichen Zugriff auf städtische Bevölkerung.* Münster: Westfälisches Dampfboot.

Benedict, R. (1989). *The chrysanthemum and the sword: Patterns of Japanese culture*. Boston: Houghton Mifflin.

Besemer, S., Ahmad, S. I., Hinshaw, S. P. & Farrington, D. P. (2017). A systematic review and meta-analysis of the intergenerational transmission of criminal behavior. *Aggression and Violent Behavior, 37*, 161-178. https://doi.org/10.1016/j.avb.2017.10.004

Besemer, S., Farrington, D. P. & Bijleveld, C. J. H. (2013). Official bias in intergenerational transmission of criminal behaviour. *The British Journal of Criminology*, *53*(3), 438-455. https://doi.org/10.1093/bjc/azt006

Bick, W. & Müller, P. J. (1984). Sozialwissenschaftliche Datenkunde für prozeßproduzierte Daten. In P.J. Müller & R. Mann (Hrsg.), *Sozialforschung und Verwaltungsdaten* (S. 123-159). Stuttgart: Klett-Cotta.

*Bickel, S. (2021). *Clankriminalität als Gefahr für die Innere Sicherheit (I)* (Analysen & Argumente Nr. 434). Berlin: Konrad-Adenauer-Stiftung e.V.

Birnbacher, D., Goergen, K. & Tiedemann, M. (Hrsg.). (2021). *Normative Integration: Kulturkampf in der Schule und netzgeprägte Schülerschaft.* Paderborn: Schöningh.

Black, D. (2011). *Moral time.* New York, NY: Oxford University Press.

*Boettner, J. & Schweitzer, H. (2020a). Der Name als Stigma. *Sozial extra*, *44*(6), 349-353. https://doi.org/10.1007/s12054-020-00330-2

*Boettner, J. & Schweitzer, H. (2020b). Was heißt denn hier „Clan"? *Sozial extra*, *44*(6), 354-363. https://doi.org/10.1007/s12054-020-00331-1

Bozkurt, A. (2020). The historical roots of the Mhallami Arabs in Turkey as a subject of debate. *Journal of International Social Research, 13*(70), 192-202. Verfügbar unter: https://www.sosyalarastirmalar.com/articles/the-historical-roots-of-the-mhallami-arabs-in-turkey-as-a-subject-ofdebate.pdf

Braga, A. A., Apel, R. & Welsh, B. C. (2013). The spillover effects of focused deterrence on gang violence. *Evaluation Review, 37,* 314-342.

Braga, A. A., Welsh, B. C. & Schnell, C. (2015). Can policing disorder reduce crime? A systematic review and meta-analysis. *Journal of Research in Crime and Delinquency, 52*(4), 567-588.

Brancaccio, L. (2018). Violent contexts and Camorra clans. In M. Massari & V. Martone (Hrsg.), *Mafia violence: Political, symbolic, and economic forms of violence in Camorra clans* (S. 135-153). London, UK: Routledge.

Bratton, J. (1998). Crime is down in New York City: blame the police. In N. Dennis (Hrsg.), *Zero tolerance: Policing a free society* (2. Aufl., S. 29-43). London: Institute of Economic Affairs Health and Welfare Unit.

Bratton, W. J. & Knobler, P. (1998). *Turnaround: How America's top cop reversed the crime epidemic.* New York, NY: Random House.

*Brauer, E., Dangelmaier, T. & Hunold, D. (2020). Die diskursive Konstruktion von Clankriminalität. In H. Groß & P. Schmidt (Hrsg.), *Polizei und Migration* (S. 179-194). Frankfurt a.M.: Verlag für Polizeiwissenschaft.

Bredal, A. (2014). Ordinary v. other violence? Conceptualising honour-based violence in Scandinavian public policies. In A.K. Gill, C. Strange & K. Roberts (Hrsg.), *'Honour' killing and violence* (S. 135-155). London: Palgrave Macmillan.

Bremische Bürgerschaft. (2017a). *Antwort des Senats auf die Große Anfrage der Fraktion der CDU: Entwicklung der Mhallamiye im Land Bremen. Drucksache 18/1056.* Verfügbar unter: https://www.bremische-buergerschaft.de/drs_abo/2013-09-18_Drs-18-1056_0801a.pdf

Bremische Bürgerschaft. (2017b). *Große Anfrage der Fraktion der FDP: Kriminelle Clans in Bremen. Drucksache 19 / 1078.* Verfügbar unter: https://www.bremische-buergerschaft.de/dokumente/wp19/land/drucksache/D19L1078.pdf

Bremische Bürgerschaft. (2019). *Antrag der Fraktionen der CDU, der SPD, Bündnis 90/Die Grünen und der FDP: Clankriminalität nachhaltig und koordiniert vorbeugen und bekämpfen. Drucksache 19 / 2014.* Verfügbar unter: https://www.bremische-buergerschaft.de/dokumente/wp19/land/drucksache/D19L2014.pdf

Bremische Bürgerschaft. (2020). *Mitteilung des Senats vom 10. November 2020: Clankriminalität nachhaltig und koordiniert vorbeugen und bekämpfen. Drucksache 20/698.* Verfügbar unter:

https://www.bremische-buergerschaft.de/dokumente/wp20/land/drucksache/D20L0698.pdf

*Bundeskriminalamt. (2019). *Organisierte Kriminalität: Bundeslagebild 2018*. Wiesbaden: Bundeskriminalamt.

*Bundeskriminalamt. (2020). *Organisierte Kriminalität: Bundeslagebild 2019*. Wiesbaden: Bundeskriminalamt.

*Bundeskriminalamt. (2021). *Organisierte Kriminalität: Bundeslagebild 2020*. Wiesbaden: Bundeskriminalamt.

Calderoni, F., Berlusconi, G., Garofalo, L., Giommoni, L. & Sarno, F. (2016). The Italian mafias in the world: a systematic assessment of the mobility of criminal groups. *European Journal of Criminology*, *13*(4), 413-433.

Calderoni, F., Campedelli, G. M., Comunale, T., Marchesi, M. E. & Savona, E. U. (2020). *Recruitment into organised criminal groups: A systematic review*. Trends and issues in crime and criminal justice, No. 583. Australian Institute of Criminology. Verfügbar unter: https://www.aic.gov.au/sites/default/files/2020-05/ti583_recruitment_into_organised_criminal_groups.pdf

Campana, P. & Varese, F. (2013). Cooperation in criminal organizations: Kinship and violence as credible commitments. *Rationality and Society*, *25*(3), 263-289. https://doi.org/10.1177/1043463113481202

Campana, P. & Varese, F. (2020). Studying organized crime networks: Data sources, boundaries and the limits of structural measures. *Social Networks*. https://doi.org/10.1016/j.socnet.2020.03.002

*Cano Paños, M. A. (2021a). Familienclans in Spanien, Teil 1: Eigenschaften, deliktische Aktivitäten und Entstehungsfaktoren. *Kriminalistik, 75*(7), 394-403.

*Cano Paños, M. A. (2021b). Familienclans in Spanien, Teil 2: Bekämpfungsstrategien. *Kriminalistik, 75*(8-9), 473-482.

Catino, M. (2019). *Mafia organizations: the visible hand of criminal enterprise*. Cambridge, UK: Cambridge University Press.

Catino, M., Rocchi, S. & Vittucci Marzetti, G. (2022). The network of interfamily marriages in 'Ndrangheta. *Social Networks, 68*, 318-329.

CDU Berlin. (2020). *Kriminelle Clans gehören auf Netflix. nicht auf Berlins Straßen. Aktionsplan der CDU Berlin.* Berlin: Christlich-Demokratische Union.

CDU Nordrhein-Westfalen & FDP Nordrhein-Westfalen. (2017). *Koalitionsvertrag für Nordrhein-Westfalen 2017 - 2022.* Verfügbar unter: https://www.cdu-nrw.de/sites/www.neu.cdu-nrw.de/files/downloads/nrwkoalition_koalitionsvertrag_fuer_nordrhein-westfalen_2017_-_2022.pdf

Ceccarelli, A. (2007). Clans, politics and organized crime in Central Asia. *Trends in Organized Crime*, *10*(3), 19-36. https://doi.org/10.1007/s12117-007-9011-z

Cohen, A. K. (1955). *Delinquent boys: the culture of the gang.* Glencoe, IL: Free Press.

Cohen, A. K. (2016). Kriminelle Subkulturen. In D. Klimke & A. Legnaro (Hrsg.), *Kriminologische Grundlagentexte* (S. 269-280). Wiesbaden: Springer VS.

Cohen, A. K. & Short, J.F. (1958). Research in delinquent subcultures. *Journal of Social Issues, 14*(3), 20-37.

Collins, K. (2004). The logic of clan politics: Evidence from the Central Asian trajectories. *World Politics*, *56*(2), 224-261. https://doi.org/10.1353/wp.2004.0009

Cooney, M. (2015). Honor cultures and violence. *Oxford Bibliographies.* Verfügbar unter https://www.oxfordbibliographies.com/view/document/obo-9780195396607/obo-9780195396607-0160.xml

Cozens, S. (2018). Shame cultures, fear cultures, and guilt cultures: Reviewing the evidence. *International Bulletin of Mission Research, 42*(4), 326-336.

*Dangelmaier, T., Brauer, E. & Hunold, D. (2021). Clankriminalität: die Konstruktion eines Kriminalitätsphänomens im öffentlichen und polizeilichen Diskurs. *SIAK-Journal - Zeitschrift für Polizeiwissenschaft und polizeiliche Praxis, 3/2021*, 16-29. http://dx.doi.org/10.7396/2021_3_B.

DeLisi, M., Spruill, J. O., Peters, D. J., Caudill, J. W. & Trulson, C. R. (2013). 'Half in, half out:' Gang families, gang affiliation, and gang misconduct. *American Journal of Criminal Justice*, *38*(4), 602-615. https://doi.org/10.1007/s12103-012-9196-9

*Der Polizeipräsident in Berlin. (2021). *Lagebild „Clankriminalität" Berlin 2020*. Berlin: Der Polizeipräsident in Berlin.

Deutscher Bundestag. (2019). *Antwort der Bundesregierung auf die Kleine Anfrage der Abgeordneten Konstantin Kuhle, Stefan Thomae, Grigorios Aggelidis, weiterer Abgeordneter und der Fraktion der FDP – Drucksache 19/11056 – Effektive Bekämpfung von Clankriminalität. Drucksache 19/11764*. Verfügbar unter: https://dserver.bundestag.de/btd/19/117/1911764.pdf

Deutscher Bundestag. (2020). *Antwort der Bundesregierung auf die Kleine Anfrage der Abgeordneten Dr. Bernd Baumann, Dr. Gottfried Curio, Jochen Haug, weiterer Abgeordneter und der Fraktion der AfD – Drucksache 19/18465 –: Monitoring der Maßnahmen gegen Clankriminalität im vierten Quartal 2019. Drucksache 19/18979*. Verfügbar unter: https://dserver.bundestag.de/btd/19/189/1918979.pdf

Di Gennaro, G. (2016). Racketeering in Campania: how clans have adapted and how the extortion phenomenon is perceived. *Global Crime*, *17*(1, SI), 21-47. https://doi.org/10.1080/17440572.2015.1114821

*Dienstbühl, D. (2018). Kampf gegen Windmühlen? Clankriminalität in Deutschland. *Homeland Security*, 2/2018, 5-11.

*Dienstbühl, D. (2020a). Clankriminalität & Prävention, Teil 1, Impulse zur Präventionsarbeit im Kontext Clankriminalität. *Forum Kriminalprävention*, 1/2020, 31-35.

*Dienstbühl, D. (2020b). Clankriminalität & Prävention, Teil 2, Impulse zur Präventionsarbeit im Kontext Clankriminalität. *Forum Kriminalprävention*, 2/2020, 19-21.

*Dienstbühl, D. (2020c). Die Bekämpfung von Clankriminalität in Deutschland: Verbundkontrollen im kriminalpolitischen und gesellschaftlichen Diskurs. *KriPoZ*, 4/2020, 210-216.

*Dienstbühl, D. (2020d). Patriarchale Familienstrukturen als Wurzel von Parallelgesellschaften: Erziehung und Ehrempfinden als Problem für die Sicherheitsbehörden. *Kriminalistik, 74*(5), 319-323.

*Dienstbühl, D. (2021). *Clankriminalität: Phänomen, Ausmaß, Bekämpfung*. Grundlagen. Heidelberg: C.F. Müller.

Dinger, A. & Nabert, A. (2021, 20. September). Die Clan-Größe und der Salafist. *DIE WELT online*. Verfügbar unter: https://www.welt.de/politik/deutschland/plus233837180/Papa-Ari-in-Berlin-Clan-Groesse-Abou-Chaker-und-der-Salafist.html

*Dogan, H. & Lehnert, J. (2019). Anlasslose Verbundeinsätze gegen kriminelle Clans. *Kriminalistik*, *73*(12), 732-738.

*Duran, H. (2019a). Clans: Ein Protokoll gescheiterter Integration und deutscher Ausländerpolitik. *Kriminalistik*, *73*(5), 297-301.

*Duran, H. (2019b). Muslimische Streitschlichter: die neuen Richter ohne Gesetz? *Kriminalistik*, *73*(10), 574-577.

*Duran, H. (2020). Flüchtlinge als Handlanger krimineller Clans. *Kriminalistik*, *74*(2), 86-88.

*Duran, H. (2021). Wie „neue" Clans in Deutschland die einheimische Szene verdrängen. *Kriminalistik, 75*(4), 204-207.

Eichelsheim, V. I., van de Weijer, S. G. A. & Bijleveld, C. J. H. (2020). In-laws or outlaws? Associations between in-law family members' and individuals' convictions. *European Journal of Criminology*. Vorab-Onlinepublikation. https://doi.org/10.1177/1477370820941397

*Elliesie, H. (2018). Parallele Rechtsstrukturen: gerichtliche und außergerichtliche Konfliktregulierung in einer sich wandelnden Gesellschaft. *Rotary Magazin, 11*, 52-55.

*Elliesie, H., Foblets, M. C., Sadyrbek, M. & Jaraba, M. (2019). *Konfliktregulierung in Deutschlands pluraler Gesellschaft: „Paralleljustiz"? – Konzeptioneller Rahmen eines Forschungsprojekts* (Working Paper No. 199). Halle: Max-Planck-Institut für ethnologische Forschung.

*Elliesie, H. & Heller, F. M. (2020). Der „Paralleljustiz" in Deutschland begegnen. *Deutsche Richterzeitung, 98*(3), 100-103.

Enzmann, D. & Wetzels, P. (2003). Ethnic differences in juvenile delinquency: the role of violence legitimizing norms of masculinity. In F. Dünkel & K. Drenkhahn (Hrsg.), *Youth violence: New patterns and local responses—Experiences in East and West* (S. 316-345). Mönchengladbach: Forum Verlag Godesberg.

Esbensen, F.-A., Brick, B. T., Melde, C., Tusinski, K. & Taylor, T. J. (2008). The role of race and ethnicity in gang membership. In F. van Gemert, D. Peterson & I.-L. Lien (Hrsg.), *Street gangs, migration and ethnicity* (S. 117-139). Cullompton, UK: Willan Publishing.

Etzioni, A. (2018). Immigration: Europe's normative challenge. *Journal of International Migration and Integration, 20*, 67-84. https://doi.org/10.1007/s12134-018-0593-x

European Commission. (2020). Report from the Commission to the European Parliament. Third report on the progress made in the fight against trafficking in human beings (2020) as required under Article 20 of Directive 2011/36/EU on preventing and combating trafficking in human beings and protecting its victims. Verfügbar unter: https://data.consilium.europa.eu/doc/document/ST-12280-2020-INIT/en/pdf

*European Crime Prevention Network. (2020a). *Familienkriminalität: European Crime Prevention Award 2020. Teil der EUCPN- Toolbox zum Thema Familienkriminalität*. Brüssel: EUCPN.

*European Crime Prevention Network. (2020b). *Familienkriminalität: Hintergrund und Theorie der Prävention. Teil der EUCPN-Toolbox zum Thema Familienkriminalität*. Brüssel: EUCPN.

*European Crime Prevention Network. (2020c). *Wirksame Prävention. Teil der EUCPN-Toolbox zum Thema Familienkriminalität.* Brüssel: EUCPN.

*Europol. (2021). *The use of violence by organised crime groups* (Europol Spotlight Report series). Luxembourg: Publications Office of the European Union.

Fader, J. J. (2016). Criminal family networks: Criminal capital and cost avoidance among urban drug sellers. *Deviant Behavior, 37*(11), 1325-1340. https://doi.org/10.1080/01639625.2016.1177388

*Feltes, T. & Rauls, F. (2020). „Clankriminalität“ und die „German Angst“. Rechtspolitische und kriminologische Anmerkungen zur Beschäftigung mit sogenannter „Clankriminalität“. *Sozial extra, 44*(6), 372-377. https://doi.org/10.1007/s12054-020-00332-0

Fijnaut, C. (1989). Researching organized crime. In R. Morgan (Hrsg.), *Policing organised crime and crime prevention* (S. 75-85). Bristol, UK: Bristol and Bath Centre for Criminal Justice.

Financial Action Task Force. (2013). *The role of Hawala and other similar service providers in money laundering and terrorist financing.* Paris: Financial Action Task Force. Verfügbar unter: https://www.fatf-gafi.org/media/fatf/documents/reports/Role-of-hawala-and-similar-in-ml-tf.pdf

Fisher, R. & Ury, W. L. (1991). *Getting to yes: Negotiating agreement without giving in.* New York: Penguin Books.

Gannon, S. (2008). Crime's family tree: Conflating race, criminality and family in New Zealand. *Crime, Media, Culture, 4*(3), 411-419. https://doi.org/10.1177/1741659008096375

*Gaunt, D. (2010). Identity conflicts among Oriental Christian in Sweden. *Sens Public*. http://sens-public.org/articles/767/

*Generalstaatsanwaltschaft Celle & Landeskriminalamt Niedersachsen. (2021). *Clankriminalität in Niedersachsen 2020: Gemeinsames Lagebild von Polizei und Justiz.* Verfügbar unter: https://www.lka.polizei-nds.de/download/75118/Clankriminalitaet_NI_2020.pdf

*Ghadban, R. (2000). *Die Libanon-Flüchtlinge in Berlin: Zur Integration ethnischer Minderheiten.* Berlin: Das Arabische Buch.

*Ghadban, R. (2005). The impact of immigration policies on Palestinians in Germany. In A. Shiblak (Hrsg.), *The Palestinian Diaspora in Europe: Challenges of Dual Identity and Adaption* (S. 32-43). Jerusalem: Palestinian Refugee and Diaspora Center and the Institute of Jerusalem Studies.

*Ghadban, R. (2016). Clan-Kriminalität: Besondere Ausprägung der organisierten Kriminalität. *Deutsches Polizeiblatt, 34*(5), 13-14.

*Ghadban, R. (2018a). *Arabische Clans: Die unterschätzte Gefahr*. München: Econ.

*Ghadban, R. (2018b). Criminal clan families in Berlin: History, risks and vulnerabilities. In J. Weber & U. Töttel (Hrsg.), *Research Conferences on Organised Crime: Preventing Organised Crime – European*

Approaches in Practice and Policy 2017 in London (S. 101-109). Wiesbaden: Bundeskriminalamt.

Gilligan, J. (2003). Shame, guilt, and violence. *Social Research, 70*(4), 1149-1180.

Goodwin, V. & Davis, B. (2011). *Crime families: Gender and the intergenerational transfer of criminal tendencies.* Trends and issues in crime and criminal justice, No. 414. Canberra: Australian Institute of Criminology. Verfügbar unter: https://www.aic.gov.au/sites/default/files/2020-05/tandi414.pdf

*Gräber, M. & Horten, B. (2021). Clankriminalität in Deutschland – Aktuelle Herausforderungen. *Forensische Psychiatrie, Psychologie, Kriminologie, 15,* 392-395. https://doi.org/10.1007/s11757-021-00676-7

*Gunnarson, C. & Rostami, A. (2019). Sweden: organised crime, politics and civil society. In F. Allum & S. Gilmour (Hrsg.), *Handbook of Organised Crime and Politics* (S. 35-49). Cheltenham, UK: Edward Elgar Publishing. https://doi.org/10.4337/9781786434579.00012

Hartmann, M. & Honneth, A. (2004). Paradoxien des Kapitalismus: ein Untersuchungsprogramm. *Berliner Debatte Initial, 15*(1), 4-17.

*Hausam, J., Seewald, K., Mannert, A. L. & Dahle, K. P. (2020). Junge Intensivtäter als besondere Herausforderung für Jugendstrafvollzug und Sozialtherapie. *Forensische Psychiatrie, Psychologie, Kriminologie*, *14*(1), 67-84. https://doi.org/10.1007/s11757-020-00583-3

*Haverkamp, R. (2018). Clan structures and crime in the context of migration. In J. Weber & U. Töttel (Hrsg.), *Research Conferences on Organised Crime: Preventing Organised Crime – European Approaches in Practice and Policy 2017 in London* (S. 115-137). Wiesbaden: Bundeskriminalamt.

Heinhold, H. (2007). Kettenduldungen abgeschafft? In K. Barwig, S. Beichel-Benedetti & G. Brinkmann (Hrsg.), *Perspektivwechsel im Ausländerrecht? Rechtskonflikte im Spiegel politischer und gesellschaftlicher Umbrüche in Deutschland und Europa* (S. 502-514). Baden-Baden: Nomos.

*Heinrich, L. (2020). Clankriminalität - Phänomenologische Grundlagen und die Risiken der rechtstaatlichen Reaktionen. In T. Feltes & J. Reichertz (Hrsg.), *Der Kampf gegen Rocker: Der „administrative Ansatz" und seine rechtsstaatlichen Grenzen* (S. 231-250). Frankfurt a.M.: Verlag für Polizeiwissenschaft.

Heise, T. & Meyer-Heuer, C. (2020). *Die Macht der Clans. arabische Großfamilien und ihre kriminellen Imperien.* München: DVA.

*Henninger, M. (2002). Importierte Kriminalität und deren Etablierung: Am Beispiel der libanesischen, insbesondere „libanesisch-kurdischen" Kriminalitätsszene Berlins. *Kriminalistik, 56*(12), 714-729.

*Henninger, M. & Susebach, T. (2005). Die Berliner "Türsteherszene". *Kriminalistik, 59*(7), 395-408.

Hess, H. (2004). Broken Windows: zur Diskussion um die Strategie des New York Police Department. *Zeitschrift für die Gesamte Strafrechtswissenschaft, 116*(1), 66-110.

Hinds, R. (2013). *Somali networks: structures of clan and society* (GSDRC Helpdesk Research Report 949). Birmingham, UK: University of Birmingham.

Hinkle, J. & Weisburd, D. (2008). The irony of broken windows policing: A micro-place study of the relationship between disorder, focused police crackdowns and fear of crime. *Journal of Criminal Justice, 36*, 503-512.

Hulme, S., Disley, E. & Blondes, E. L. (2021). *Mapping the risk of serious and organised crime infiltrating legitimate businesses: Final report.* Brussels: European Commission - Directorate-General for Migration and Home Affairs. https://data.europa.eu/doi/10.2837/64101

Institut für Demoskopie Allensbach. (2020). *Sicherheitsreport 2020 - Schaubilder*. Verfügbar unter: https://www.sicherheitsreport.net/wp-content/uploads/PM_Sicherheitsreport_2020_Schaubilder.pdf

*Jaraba, M. (2016). "Paralleljustiz" in Berlin's Mḥallamī community in view of predominately customary mechanisms. *Zeitschrift für Recht und Islam, 8*, 225-238.

*Jaraba, M. (2019a). Private dispute mediation and arbitration in Sunni-Muslim communities in Germany: family conflicts and divorce. In S.

Rutten, B. Deogratias & P. Kruiniger (Hrsg.), *Marital captivity: divorce, religion and human rights* (S. 17-44). The Hague: Eleven International Publishing.

*Jaraba, M. (2019b). The practice of Khulʿ in Germany: Pragmatism versus conservativism. *Islamic Law and Society*, *26*(1-2), 83-110. https://doi.org/10.1163/15685195-02612A01

*Jaraba, M. (2020). khulʿ in action: how do local Muslim communities in Germany dissolve an Islamic religious-only marriage? *Journal of Muslim Minority Affairs, 40*(1), 26-47.

*Jaraba, M. (2021). *Arabische Großfamilien und die „Clankriminalität".* Verfügbar unter: https://mediendienst-integration.de/fileadmin/Dateien/MEDIENDIENST_Expertise_-_Arabische_Grossfamilien_und_die_Debatte_um_Clankriminalita__t.pdf

Junger, M., Greene, J., Schipper, R., Hesper, F. & Estourgie, V. (2013). Parental criminality, family violence and intergenerational transmission of crime within a birth cohort. *European Journal on Criminal Policy and Research, 19*(2, SI), 117-133. https://doi.org/10.1007/s10610-012-9193-z

*Kaminski, A. (2011). Islamische Paralleljustiz? Innerkultureller Interessenausgleich? Patriarchalischer Druck? *Betrifft Justiz, 27, Nr. 108*, 170-172.

*Kaminski, A. & Nolte, F. (2011). „Ich will nur Frieden, Ruhe und Sicherheit" – Interview mit dem Berliner deutsch-libanesischen „Friedensrichter" Hassan Allouche. *Betrifft Justiz, 27, Nr. 108*, 173-177.

*Karakayalı, J. (2021). Rassismus und rechtsextremer Terrorismus: Kontinuitäten und Veränderungen im gesellschaftlichen Umgang mit Rassismus im Kontext von rechtsextremistischem Terrorismus. *NSU-Watch,* 10.11.2021. Verfügbar unter https://www.nsu-watch.info/2021/11/rassismus-und-rechtsextremer-terrorismus-kontinuitaeten-und-veraenderungen-im-gesellschaftlichen-umgang-mit-rassismus-im-kontext-von-rechtsextremistischem-terrorismus/

Kawtharani, F. W. & Meho, L. I. (2005). The Kurdish community in Lebanon. *International Journal of Kurdish Studies, 19*(1-2), 137-171.

Kelling, G. L. & Coles, C. M. (1996). *Fixing broken windows: Restoring order and reducing crime in our communities.* New York, NY: Touchstone.

Kelling, G. L. & Wilson, J. Q. (1982). Broken windows. the police and neighborhood safety. *The Atlantic, 249*(3), 29-38.

Kern, L. W. (2015). Kurden, Araber, Scheinlibanesen: Die vielschichtige Ethnizität der Mḥallami. *Wiener Zeitschrift für die Kunde des Morgenlandes, 105*, 189-202.

Kraetzer, U. (2021, 17. September). Clan-Größe Arafat Abou-Chaker soll mit Salafisten kooperieren. *Berliner Morgenpost*. Verfügbar unter: https://www.morgenpost.de/berlin/article233352125/Clan-Groesse-Abou-Chaker-soll-mit-Salafisten-kooperieren.html

Krafft-Schöning, B. (2013). *Blutsbande. Wie aus einer arabischen Großfamilie in Deutschland der berüchtigte „Miri-Clan" wurde. Eine Insiderin berichtet*. München: riva.

*Landeskriminalamt Niedersachsen. (2020). *Lagebild Clankriminalität: Kriminelle Clanstrukturen in Niedersachsen 2019*. Verfügbar unter: https://www.lka.polizei-nds.de/download/74622/Clankriminalitaet_NI_2019.pdf

*Landeskriminalamt Nordrhein-Westfalen. (2018). Kriminalitäts- und Einsatzbrennpunkte geprägt durch ethnisch abgeschottete Subkulturen (KEEAS). Abschlussbericht. Düsseldorf: Landeskriminalamt Nordrhein-Westfalen. Verfügbar unter: https://polizei.nrw/sites/default/files/2020-06/KEEAS-Abschlussbericht_de%2Ben.pdf

*Landeskriminalamt Nordrhein-Westfalen. (2019). *Clankriminalität Lagebild NRW 2018.* Düsseldorf: Landeskriminalamt Nordrhein-Westfalen.

*Landeskriminalamt Nordrhein-Westfalen. (2020). *Clankriminalität Lagebild NRW 2019.* Düsseldorf: Landeskriminalamt Nordrhein-Westfalen.

*Landeskriminalamt Nordrhein-Westfalen. (2021). *Clankriminalität Lagebild NRW 2020.* Düsseldorf: Landeskriminalamt Nordrhein-Westfalen.

Landtag Nordrhein-Westfalen. (2020). *Antwort der Landesregierung auf die Kleine Anfrage 4622 vom 23. Oktober 2020 der Abgeordneten Markus Wagner, Gabriele Walger-Demolsky und Nic Vogel AfD, Drucksache 17/11595. Werden Clankriminelle ohne deutschen Pass nun „konsequent zurückgeführt", oder nicht? Drucksache 17/11975.* Verfügbar unter: https://www.landtag.nrw.de/portal/WWW/dokumentenarchiv/Dokument/MMD17-11975.pdf

Landtag Nordrhein-Westfalen. (2021). *Antwort der Landesregierung auf die Kleine Anfrage 4740 vom 11. Dezember 2020 der Abgeordneten Gabriele Walger-Demolsky AfD, Drucksache 17/12094: Gescheiterte Integration im Essener Norden? FDP rät Bürgern, Altenessen zu verlassen. Drucksache 17/12411.* Verfügbar unter: https://www.landtag.nrw.de/portal/WWW/dokumentenarchiv/Dokument/MMD17-12411.pdf

Lemert, E. (1951). *Social pathology.* New York, NY: McGraw-Hill.

Lemert, E. (1967). *Human deviance, social problems, and social control.* Englewood Cliffs, NJ: Prentice Hall.

Levin, P. (2017). *Ehrenmorde: Kulturelle, religiöse, ethische und politische Aspekte* (Dissertation). Universität Hamburg. Verfügbar unter https://ediss.sub.uni-hamburg.de/bitstream/ediss/7715/1/Dissertation.pdf

Lewis, A. (2015). *Security, clans and tribes: Unstable governance in Somaliland, Yemen and the Gulf of Aden.* Basingstoke, UK: Palgrave Macmillan.

*Liebscher, D. (2020). Clans statt Rassen – Modernisierungen des Rassismus als Herausforderungen für das Recht. *Kritische Justiz, 53*(4), 529-542. https://doi.org/10.5771/0023-4834-2020-4-529

*Lundberg, J. (2020). The return of the Clan in Sweden. *Societies, 10*(3), 49. https://doi.org/10.3390/soc10030049

Lyngstad, T. H. & Skardhamar, T. (2016). Family formation and crime: What role for the family network? *Advances in Life Course Research, 28*, 41-51. https://doi.org/10.1016/j.alcr.2015.09.007

Martínez de Aguirre, C. (2012). The principle of verisimilitude and artificial filiation links: Biology as a model for the law of parent and child. *International Journal of the Jurisprudence of the Family, 2*, 315-333.

Massari, M. & Martone, V. (Hrsg.). (2019). *Mafia violence: Political, symbolic, and economic forms of violence in Camorra clans.* New York, NY: Routledge.

*Meißner, M. (2020). *Clankriminalität: die fehlende Akzeptanz der ausführenden Gewalt in Deutschland durch ethnisch abgeschottete Subkulturen am Beispiel von arabischen Großfamilien*. Essen: Vossenkuhl Scriptum Verlag.

Merton, R. K. (1938). Social structure and anomie. *American Sociological Review, 3,* 672-682. https://doi.org/10.2307/2084686

Molter, S. (2020). *Violence against women: On the implementation of the Istanbul Convention in Denmark. Country-specific version of the Working Paper No. 21 of the Observatory for Sociopolitical Developments in Europe.* Verfügbar unter https://beobachtungsstelle-gesellschaftspolitik.de/f/7d8839bc6b.pdf

Müller, P. J. (1977). *Die Analyse prozeß-produzierter Daten.* Stuttgart: Klett-Cotta.

Neuding, P. (2020). Sweden's new epidemic – clan-based crime. *The Spectator*. Verfügbar unter: https://www.spectator.co.uk/article/most-read-2020-sweden-s-new-epidemic-clan-based-crime

Niedersächsischer Landtag. (2019). *Antwort des niedersächsischen Ministeriums für Inneres und Sport namens der Landesregierung, Anfrage des Abgeordneten Jens Ahrends (AfD): Clankriminalität in Niedersachsen. Drucksache 18/5143.* Verfügbar unter: https://www.landtag-niedersachsen.de/drucksachen/drucksachen_18_07500/05001-05500/18-05143.pdf

Niedersächsischer Landtag. (2020a). *Antwort des Niedersächsischen Justizministeriums namens der Landesregierung. Anfrage der Abgeordneten Helge Limburg und Susanne Menge (GRÜNE): Überlastung der Justiz durch Clankriminalität. Drucksache 18/5922.* Verfügbar unter: https://www.landtag-niedersachsen.de/drucksachen/drucksachen_18_07500/05501-06000/18-05922.pdf

Niedersächsischer Landtag. (2020b). *Antwort des niedersächsischen Ministeriums für Inneres und Sport namens der Landesregierung, Anfrage der Abgeordneten Dr. Marco Genthe und Dr. Stefan Birkner (FDP): Einschüchterungsversuche aus Clan-Strukturen auf Beamte. Drucksache 18/7077*. Verfügbar unter: https://www.landtag-niedersachsen.de/drucksachen/drucksachen_18_07500/07001-07500/18-07077.pdf

Niedersächsischer Landtag. (2020c). *Kriminelle Familienclans in Niedersachsen konsequent bekämpfen. Antrag der Fraktion der SPD und der Fraktion der CDU. Drucksache 18/6761*. Verfügbar unter: https://www.landtag-niedersachsen.de/Drucksachen/Drucksachen_18_07500/06501-07000/18-06761.pdf

Niedersächsischer Landtag. (2021). *Anfrage des Abgeordneten Dr. Marco Genthe (FDP) und Antwort des Niedersächsischen Ministeriums für Inneres und Sport namens der Landesregierung: Nachfragen: Kriminelle Clans - Wie ist die aktuelle Lage in Niedersachsen? Drucksache 18/9782*. Verfügbar unter: https://www.landtag-niedersachsen.de/drucksachen/drucksachen_18_10000/09501-10000/18-09782.pdf

Niedersächsisches Justizministerium. (2020). *Schwerpunktstaatsanwaltschaften zur Bekämpfung krimineller Clanstrukturen in Niedersachsen.* Nds. MBl. 2020, 564, Nds. Rpfl. 2020, 221. Verfügbar unter: https://www.voris.niedersachsen.de/jportal/?quelle=jlink&query=VVND-332100-MJ-20200515-SF&psml=bsvorisprod.psml&max=true

Niedersächsisches Ministerium für Inneres und Sport & Niedersächsisches Justizministerium. (2021). *Bekämpfung krimineller Clanstrukturen in Niedersachsen - Lagebild 2020*. Hannover: Niedersächsisches Justizministerium.

*Nöding, T. (2021). Der Kampf gegen die „Clankriminalität“ aus Sicht eines Strafverteidigers. Verrät der Rechtsstaat seine Prinzipien? *Kritische Justiz*, *54*(2), 232-246. https://doi.org/10.5771/0023-4834-2021-2-232

O., K. & Kensche, C. (2020). *Auf der Straße gilt unser Gesetz: Arabische Clans – Ein Insider erzählt seine Geschichte*. München: Wilhelm Heyne Verlag.

*Oberloher, R. F. (2021). Clankriminalität in der Mitte Europas? Eine Beurteilung der Lage. *SIAK-Journal - Zeitschrift für Polizeiwissenschaft und polizeiliche Praxis, 1/2021*, 19-39. https://doi.org/10.7396/2021_1_B

Oberwittler, D. & Kasselt, J. (2011). *Ehrenmorde in Deutschland: 1996-2005: eine Untersuchung auf der Basis von Prozessakten*. Köln: Wolters Kluwer.

O'Brien, D. T., Farrell, C. & Welsh, B. C. (2018). Broken (windows) theory: A meta-analysis of the evidence for the pathways from neighborhood disorder to resident health outcomes and behaviors. *Social Science & Medicine, 228*, 272-292.

O'Brien, D. T., Farrell, C. & Welsh, B. C. (2019). Looking through broken windows: The impact of neighborhood disorder on aggression and fear of crime is an artifact of research design. *Annual Review of Criminology, 2*, 53-71.

Özdemirci, A. S. (2017). *The Mardinite community in Lebanon: Migration of Mardin's people* (ORSAM Report No: 208). Ankara: Center for Middle Eastern Strategic Studies.

Patzak, J. (2021, 28. November). *Strafrecht und Strafprozessrecht im Koalitionsvertrag*. beck-community. Verfügbar unter: https://community.beck.de/2021/11/28/strafrecht-und-strafprozessrecht-im-koalitionsvertrag

Pawelz, J. (2017). Researching gangs: How to reach hard-to-reach populations and negotiate tricky issues in the field. *Forum Qualitative Sozialforschung, 19*(1). https://doi.org/10.17169/fqs-19.1.2878

Petersen, A. & Willig, R. (2002). An interview with Axel Honneth: the role of sociology in the theory of recognition. *European Journal of Social Theory, 5*(2), 265-277. https://doi.org/10.1177/13684310222225441

Pütter, N. (1997). Organisierte Kriminalität in amtlichen Zahlen - Über die Aussagekraft der Lagebilder. *Bürgerrechte & Polizei/CILIP, 56*, 15-25.

Pütter, N. (2004). Polizeiliche Lagebilder: Professionelle Polizeiarbeit oder Augenwischerei? *Bürgerrechte & Polizei/CILIP, 77*, 37-45.

Pütz, R., Glasze, G. & Rolfes, M. (2005). *Diskurs- Stadt- Kriminalität. Städtische (Un-)Sicherheiten aus der Perspektive von Stadtforschung und Kritischer Kriminalgeographie.* Bielefeld: transcript.

Raby, C. & Jones, F. (2016). Identifying risks for male street gang affiliation: a systematic review and narrative synthesis. *The Journal of Forensic Psychiatry & Psychology*, *27*(5), 601-644. https://doi.org/10.1080/14789949.2016.1195005

*Rauls, F. & Feltes, T. (2021). Clankriminalität. Aktuelle rechtspolitische, kriminologische und rechtliche Probleme. *Neue Kriminalpolitik*, *33*(1), 96-110. https://doi.org/10.5771/0934-9200-2021-1-96

Rebscher, E. & Vahlenkamp, W. (1988). *Organisierte Kriminalität in der Bundesrepublik Deutschland: Bestandsaufnahme, Entwicklungstendenzen und Bekämpfung aus der Sicht der Polizeipraxis* (Sonderband BKA - Forschungsreihe). Wiesbaden: Bundeskriminalamt.

Refslund, B. (2019). *Studying hidden or hard-to-access populations in case study research: the example of labour migrants.* SAGE Research Methods Cases Part 2. https://doi.org/10.4135/9781526485755

*Reinhardt, K. (2020). *Zum Begriff der „Clankriminalität" – Eine kritische Einschätzung. migsst - Migration und Sicherheit in der Stadt.* Tübingen: Eberhard Karls Universität Tübingen, Internationales Zentrum für Ethik in den Wissenschaften (IZEW). Verfügbar unter: https://www.migsst.de/onewebmedia/Reinhardt_Paper%20Begriff%20Clankriminalita%CC%88t.pdf

*Richter, F. (2021). *Der Essener Weg in der Bekämpfung der Clankriminalität – Eine Betrachtung der bisherigen Maßnahmen.* Verfügbar unter: https://ksv-polizeipraxis.de/der-essener-weg-in-der-bekaempfung-der-clankriminalitaet-eine-betrachtung-der-bisherigen-massnahmen/

Rietig, V. & Günnewig, M. L. (2020). *Deutsche Rückkehrpolitik und Abschiebungen: Zehn Wege aus der Dauerkrise* (DGAP Analyse, Nr. 3). Berlin: Deutsche Gesellschaft für Auswärtige Politik.

*Rigoni, C. (2021). La *Clankriminalität* e la lotta al crimine organizzato in Germania. *Rivista di Studi e Ricerche sulla criminalità organizzata*, *7*(1), 6-42. http://dx.doi.org/10.13130/cross-16118

*Rinn, M. & Wehrheim, J. (2021a). Die polizeilich-publizistische Konstruktion von „Problemvierteln" und konkurrierende Deutungen. In B. Blättel-Mink (Hrsg.), *Gesellschaft unter Spannung. Verhandlungen des 40. Kongresses der Deutschen Gesellschaft für Soziologie 2020*. Verfügbar unter: https://publikationen.soziologie.de/index.php/kongressband_2020/article/view/1377

*Rinn, M. & Wehrheim, J. (2021b). Die Produktion eines „Problemviertels". Mediale Diskurse, politisch-polizeiliche Interventionen und interaktive Situationsbedeutungen. *Berliner Journal für Soziologie, 31,* 249-278.

*Rinn, M. & Wiese, L. (2020). Politiken sozialer Mischung und die Produktivität von Rassismus im „gefährlichen Viertel". *Geographica Helvetica, 75*, 23-36. https://doi.org/10.5194/gh-75-23-2020

Roberts, J. L. (2000). *Clan, king and covenant: History of the Highland clans from the Civil War to the Glencoe Massacre.* Edinburgh, UK: Edinburgh University Press.

*Rohde, P., Dienstbühl, D. & Labryga, S. (2019a). Clankriminalität in Deutschland: eine Bestandsaufnahme (Teil 1). *Die Kriminalpolizei, Sep. 2019*. Verfügbar unter: https://www.kriminalpolizei.de/ausgaben/2019/september/detailansicht-september/artikel/clankriminalitaet-in-deutschlandeine-bestandsaufnahme-teil-1.html

*Rohde, P., Dienstbühl, D. & Labryga, S. (2019b). Clankriminalität in Deutschland: eine Bestandsaufnahme (Teil 2). *Die Kriminalpolizei, Dez. 2019.* Verfügbar unter: https://www.kriminalpolizei.de/ausgaben/2019/dezember/detailansicht-dezember/artikel/clankriminalitaet-in-deutschland.html

*Rohde, P., Dienstbühl, D. & Labryga, S. (2019c). Hysterie oder reale Bedrohung? Eine kriminologische Einordnung des Phänomens Clankriminalität in Deutschland. *Kriminalistik, 73*(5), 275-281.

*Rohe, M. (2016). Das Gesetz sind wir… ADR und „Paralleljustiz". *Politische Studien 469, 67*, 24-32.

*Rohe, M. (2019a). *Clankriminalität: Hintergründe und Gegenstrategien aus wissenschaftlicher Sicht.* Vortrag beim Symposium der Ruhr-Konferenz zum Thema „360°-Maßnahmen gegen die Clankriminalität"

am 30. Januar 2019 in Essen. Verfügbar unter: https://docplayer.org/175352284-Clankriminalitaet-hintergruende-und-gegenstrategien-aus-wissenschaftlicher-sicht.html

*Rohe, M. (2019b). *Paralleljustiz: Eine Studie im Auftrag des Ministeriums der Justiz und für Europa Baden-Württemberg*. Verfügbar unter: https://www.justiz-bw.de/site/jum2/get/documents/jum1/JuM/Justizministerium%20NEU/Studie%20Paralleljustiz%20Rohe%202019%20Ver%C3%B6ffentlichung.pdf

*Rohe, M. & Jaraba, M. (2015). *Paralleljustiz. Eine Studie im Auftrag des Landes Berlin, vertreten durch die Senatsverwaltung für Justiz und Verbraucherschutz*. Verfügbar unter: https://www.berlin.de/sen/justva/_assets/gesamtstudie-paralleljustiz.pdf

*Rohe, M. & Jaraba, M. (2018). Muslimische Paralleljustiz in Bayern. *Akademie Aktuell, 65*(2), 39-42.

Rolfes, M. (2015). *Kriminalität, Sicherheit, Raum: Humangeographische Perspektiven der Sicherheits- und Kriminalitätsforschung.* Stuttgart: Steiner

*Rostami, A. (2016). *Criminal organizing: Studies in the sociology of organized crime*. Stockholm: Department of Sociology, Stockholm University.

*Rostami, A., Mondani, H., Liljeros, F. & Edling, C. (2018). Criminal organizing applying the theory of partial organization to four cases of organized crime. *Trends in Organized Crime*, *21*(4), 315-342. https://doi.org/10.1007/s12117-017-9315-6

Salheiser, A. (2014). Natürliche Daten: Dokumente. In N. Baur & J. Blasius (Hrsg.), *Handbuch Methoden der empirischen Sozialforschung* (S. 813-827). Wiesbaden: Springer VS. https://doi.org/10.1007/978-3-531-18939-0_62

*Sanandaji, T. (2020). *Mass Challenge. The Socioeconomic Impact of Migration to a Scandinavian Welfare State*. Cham, CH: Palgrave Macmillan. https://doi.org/10.1007/978-3-030-46808-8

*Sari, B. & Lehnert, J. (2021). Kontrolle von Autohöfen: Verbundeinsatz aus der Sicht von Angehörigen der Berliner Geldwäscheaufsicht. *Kriminalistik, 75*(2), 92-94.

*Schirrmacher, C. (2013). *Friedensrichter, Streitschlichter, Schariagerichtshöfe: Ist die Rolle der Vermittler auf den säkularen Rechtsstaat übertragbar?* Trier: Institut für Rechtspolitik an der Universität Trier.

*Schmidt, R. & Bannenberg, B. (2019). Clankriminalität und OK - notwendige Reaktionen des Rechtsstaats. *Kriminalistik, 73*(6), 339-345.

*Schwarz, M. (2019). Der objektivierte Mensch und die Sicherheitskultur in Deutschland. In H.-J. Lange & M. Wendekamm (Hrsg.), *Postfaktische Sicherheitspolitik* (S. 75-102). Wiesbaden: Springer VS. https://doi.org/10.1007/978-3-658-27281-4_5

Schweer T. (2006). Organisierte Kriminalität. In H.-J. Lange (Hrsg.), *Wörterbuch zur Inneren Sicherheit* (S. 209-211). Wiesbaden: VS Verlag für Sozialwissenschaften.

*Schweitzer, H. (2020). Kriminalität und Kriminalisierung arabischer Familien in Essen. *Sozial extra*, *44*(6), 364-371. https://doi.org/10.1007/s12054-020-00333-z

*Seeliger, M. (2020). „Wer mir Befehle gibt? Nur meine Eier!“ Clankriminalität in der Serie „4 Blocks“. *Berliner Debatte Initial, 31*(2), 50-60.

Seemann, A. (2021). The Danish ‘ghetto initiatives’ and the changing nature of social citizenship, 2004–2018. *Critical Social Policy, 41*(4), 586-605.

*Seidensticker, K. & Werner, A. (2021). Clankriminalität als neu entdeckte Herausforderung in einer dynamischen Gesellschaft. In R. Berthel (Hrsg.), *Kriminalistik und Kriminologie in der VUCA-Welt: Ermittlungen, Teil III* (Rothenburger Beiträge Band 106, S. 131-152). Rothenburg/Oberlausitz: Eigenverlag der Hochschule der Sächsischen Polizei.

Sergi, A. (2018). Widening the antimafia net: Child protection and the socio-cultural transmission of mafia behaviours in Calabria. *Youth Justice*, *18*(2), 149-168. https://doi.org/10.1177/1473225418791420

Sergi, A. (2019). Polycephalous 'ndrangheta: Crimes, behaviours and organisation of the Calabrian mafia in Australia. *Australian and New Zealand Society of Criminology*, *52*(1), 3-22. https://doi.org/10.1177/0004865818782573

Sergi, A. (2021). 'Ndrangheta dynasties: a conceptual and operational framework for the cross-border policing of the Calabrian Mafia. *Policing, 15*(2), 1522-1536.

Sergi, A. & Lavorgna, A. (2016). *'Ndrangheta: the glocal dimensions of the most powerful Italian mafia.* Basingstoke, UK: Palgrave Macmillan.

Sergi, A. & Rizzuti, A. (2021a). *Mafiaround Europe*. Colchester, UK: University of Essex.

Sergi, A. & Rizzuti, A. (2021b). Tra azzardo e consolidamento: l'opportunismo condizionato dei clan Mafiosi Italiani in Europa. *Rivista di Studi e Ricerche sulla criminalità organizzata, 7*(1), 43-75.

Sieber, U. & Bögel, M. (1995). *Logistik der Organisierten Kriminalität: wirtschaftswissenschaftlicher Forschungsansatz und Pilotstudie zur internationalen Kfz-Verschiebung, zur Ausbeutung von Prostitution, zum Menschenhandel und zum illegalen Glücksspiel.* Wiesbaden: Bundeskriminalamt.

*Skinnari, J., Marklund, F., Nilsson, E., Stjärnqvist, C. & Vesterhav, D. (2018). *Perceptions of the justice system in socially disadvantaged areas.* Stockholm: The Swedish National Council for Crime Prevention (Brå).

Spapens, T. & Moors, H. (2020). Intergenerational transmission and organised crime. A study of seven families in the south of the Netherlands. *Trends in Organized Crime*, *23*(3), 227-241. https://doi.org/10.1007/s12117-019-09363-w

Splittgerber, T. (2016). Underground Banking: eine Betrachtung am Beispiel des Hawala-Systems. *Kriminalistik, 70*(5), 347-352.

Stahl, C. (2014). *In den Gangs von Neukölln: das Leben des Yehyia E.* Düsseldorf: Hoffmann und Campe.

Stewart, M. (2016). The decline of Scottish clans. *The Ascendant Historian 3*(2), 7-22. Verfügbar unter: https://journals.uvic.ca/index.php/corvette/article/view/15630

Talalaeva, E. & Pronina, T. (2020). Ethno-confessional immigrant ghettos as a national security problem in Denmark's social and political discourse. *Baltic Region, 12*(3), 55-71. https://doi.org/10.5922/2079-8555-2020-3-4

*Tops, P. & van der Wal, R. (2018). *Exploration of organised crime and 'undermining' in Sweden.* Verfügbar unter: https://kennisopenbaarbestuur.nl/media/255711/rapport-zweden-pdf.pdf

Tourangeau, R. (2014). Defining hard-to-survey populations. In R. Tourangeau, B. Edwards, T. P. Johnson, K. M. Wolter & N. Bates (Hrsg.), *Hard-to-survey populations* (S. 3-20). Cambridge: Cambridge University Press.

Ulloa, S. (2016). *Diaspora roles and integration in a host country: a study of the Swedish-Assyrian community in Stockholm*. Stockholm: Stockholms Universitet, Department of Social Anthropology.

van de Bunt, H. (2008). The role of Hawala bankers in the transfer of proceeds from organised crime. In D. Siegel & H. Nelen (Hrsg.), *Organized crime: Culture, markets and policies* (Studies in Organized Crime, Vol. 7, S. 113-126). New York, NY: Springer.

van Dijk, M., Kleemans, E. & Eichelsheim, V. (2019). Children of organized crime offenders: Like father, like child? An explorative and qualitative study into mechanisms of intergenerational (dis)continuity in organized crime families. *European Journal on Criminal Policy and Research, 25*(4), 345-363. https://doi.org/10.1007/s10610-018-9381-6

Van Duyne, P. C. & Vander Beken, T. (2009). The incantations of the EU organised crime policy making. *Crime, Law and Social Change, 51*(2), 261-281. https://doi.org/10.1007/s10611-008-9153-1

*Vesterhav, D. & Korsell, L. (2016). *Criminal networks and groups: Police perception of power structures and criminal markets.* Stockholm: The Swedish National Council for Crime Prevention (Brå).

Volk, L. (2016). Permanent temporariness in Berlin: the case of an Arab Muslim minority in Germany. In L. Robson (Hrsg.), *Minorities and the modern Arab world: new perspectives* (S. 212-230). Syracuse, NY: Syracuse University Press.

von Lampe, K. (2008). Organised crime research in Europe: development and stagnation. In P. C. van Duyne, J. Harvey, A. Maljevic, M. Scheinost, K. von Lampe (Hrsg.), *European crime-markets at cross-roads: Extended and extending criminal Europe* (S. 17-41). Nijmegen: Wolf Legal Publishers.

von Lampe, K. (2016). *Organized crime: Analyzing illegal activities, criminal structures, and extra-legal governance*. Los Angeles, CA: Sage.

Weinreich, P., Bacova, V. & Rougier, N. (2003). Basic primordialism in ethnic and national identity. In P. Weinreich & W. Saunderson (Hrsg.), *Analysing identity: Cross-cultural, societal and clinical contexts* (S. 115-169). Hove: Routledge.

Weisburd, D. L., Hinkle, J. C., Braga, A. A., & Wooditch, A. (2015). Understanding the mechanisms underlying broken windows policing: The need for evaluation evidence. *Journal of Research in Crime and Delinquency, 52*(4), 589-608.

*Wendt, C. (2021a). Bekämpfung der Organisierten (Clan-)Kriminalität: Teil 1: Ist Clankriminalität gleich Clankriminalität? *Kriminalistik, 75*(4), 195-203.

*Wendt, C. (2021b). Bekämpfung der Organisierten (Clan-) Kriminalität Teil 2: Wie kann man Clankriminalität erfolgreich bekämpfen? *Kriminalistik, 75*(5), 265-270.

*Wendt, C. & Kretzschmar, D. (2019). *Clankriminalität bekämpfen: Strategische Ausrichtung - nachhaltige Erfolge. Positionspapier des Bund Deutscher Kriminalbeamter*. Kassel: BDK.

*Werner, A. (2021). Interdisziplinärer Diskurs zur Prävention von „Clankriminalität“: Online-Fachtagung des Landeskriminalamtes Nordrhein-Westfalen. *Sozial Extra, 45*(3), 174-177.

*Werner, A., Querbach, M. & Seidensticker, K. (2021). *Forschung zur Prävention von Clankriminalität Entstehungsbedingungen der Kriminalität großfamiliärer Strukturen*. Düsseldorf:

Landeskriminalamt Nordrhein-Westfalen, Kriminalistisch-Kriminologische Forschungsstelle.

*Werner, A., Seidensticker, K. & Querbach, M. (2021). Group Violence Intervention: Ein geeigneter Ansatz zur Prävention sogenannter "Clankriminalität"? *Forum Kriminalprävention*, 1/2021, 36-40.

Wessel, J. (2003). Der Entwicklungsprozess von Begriff und Konzept der Organisierten Kriminalität in der BRD und dessen Auswirkungen auf das staatliche Bekämpfungs-/Präventionskonzept. *Angewandte Sozialforschung, 23*(1/2), 49-70.

Wiefelspütz, D. (2007). Das Zuwanderungsgesetz – ein Ende für die Praxis der Kettenduldung? In K. Barwig, S. Beichel-Benedetti & G. Brinkmann (Hrsg.), *Perspektivwechsel im Ausländerrecht? Rechtskonflikte im Spiegel politischer und gesellschaftlicher Umbrüche in Deutschland und Europa* (S. 499-502). Baden-Baden: Nomos.

Windle, J. & Silke, A. (2019). Is drawing from the state 'state of the art'? A review of organised crime research data collection and analysis, 2004-2018. *Trends in Organized Crime*, *22*(4), 394-413. https://doi.org/10.1007/s12117-018-9356-5

*Wipf, B. & Wörster, D. (2021). *Vermögensabschöpfung im Kontext der Clankriminalität – Möglichkeiten und Fallstricke*. Verfügbar unter: https://ksv-polizeipraxis.de/vermoegensabschoepfung-im-kontext-der-clankriminalitaet-moeglichkeiten-und-fallstricke/

*Wittreck, F. (2015). Deutsche Justiz und „Friedensrichter": Plädoyer für den säkularen Verfassungsstaat. In Gelinsky, K. (Hrsg.), *Schlichten statt Richten? Analysen zur Investitionsschiedsgerichtsbarkeit, zum Phänomen „islamische Paralleljustiz" und zum europäischen Verbraucherschutz* (S. 25-34). Berlin: Konrad-Adenauer-Stiftung.

*Wittreck, F. (2016). Religiöse Paralleljustiz im Rechtsstaat? In U. Willems, A. Reuter & D. Gerster (Hrsg.), *Ordnungen religiöser Pluralität. Wirklichkeit - Wahrnehmung - Gestaltung* (S. 439-493). Frankfurt a.M.: Campus.

Wolfgang, M., Figlio, R. & Sellin, T. (1972). *Delinquency in a birth cohort.* Chicago, IL: University of Chicago Press.

*Zigmann, F. (2015). Macht und Ohnmacht des Staates? Struktur und Einfluss arabischer OK-Strukturen in deutschen Großstädten. *Kriminalistik*, *69*(12), 753-760.

Zoutewelle-Terovan, M., van der Geest, V., Liefbroer, A. & Bijleveld, C. (2014). Criminality and family formation. *Crime & Delinquency*, *60*(8), 1209-1234. https://doi.org/10.1177/0011128712441745